コーヒーと楽しむ
心がスッキリする40の物語

西沢泰生

PHP文庫

○本表紙図柄＝ロゼッタ・ストーン（大英博物館蔵）
○本表紙デザイン＋紋章＝上田晃郷

カラン……。
アイスオレの氷の音。
耳に心地よい。
目の前が海のお気に入りのカフェ。
潮の香りが鼻をくすぐる。
そんなコーヒーブレイクのひととき。
お供は、１冊の文庫本で……。

はじめに　憩いのひととき、心が「スッキリ」する話

「いらっしゃい。いつもの席、空いていますよ」

ここは海の見えるカフェ。
私のお気に入りの席は、このテラス席。
この席からだとヨットが見えるのが好き。
カモメの鳴き声も聞こえるし。

この店にはじめてきたのはいつだっけ？
とにかく居心地がよくて……。

この本には、そんな時間のお供になる、気持ちがスッキリする話を集めました。

メニューは次の通り。

●アイスオレの章
アイスオレとともに読みたい「ほぉ〜っと思わず感心する話」

●ブレンドコーヒーの章
ブレンドコーヒーとともに読みたい「ふぅ〜んと納得して役に立つ話」

●ブラックコーヒーの章
ブラックコーヒーとともに読みたい「へぇ〜っとなって人に話したくなる話」

●エスプレッソの章
エスプレッソとともに読みたい「おお〜っとなって驚く話」

いつものように、お好きなページの気になる話からご賞味ください。

この本が、あなたの憩いの時間を、より素晴らしいものにするお手伝いができれば幸いです。

西沢泰生

コーヒーと楽しむ
心がスッキリする40の物語

目次

「ほぉ～っと思わず感心する話」

「ふぅ〜んと納得して役に立つ話」

「へぇ〜っとなって人に話したくなる話」

「おお〜っとなって驚く話」

「ほぉ～っと
思わず感心する話」

アイスオレ
とともに読みたい

01 アフリカで「money!」とナイフを突きつけられたときに

拳銃を突きつけられて、ホールドアップ。

「命が惜しければ、金を出せ」

日本では、なかなかない話。

でも、海外旅行では、国によっては、あり得ない話ではありません。

そんなとき、いったいどう対処すればいいのでしょうか？


私がかつて、『第10回アメリカ横断ウルトラクイズ』でアメリカへ行ったときも、ハワイのチェックポイントで勝ち抜いて、アメリカ本土に行くことが決まった挑戦者たちに対して、番組スタッフから、およそ次のような注意がありました。

「本土は、観光地のハワイと違って、危険なことがたくさんあります。裏道に入ったら、昼間でも、拳銃を突きつけられてホールドアップされても不思議ではありません。もし、皆さんのうちの誰かに、もしものことがあったら、この番組は終わります。ですから、財布のなかに渡しても大丈夫な金額を入れておいて、いざというときは、財布ごと相手にあげてください。そうすれば、たぶん命は助かります」

この注意が、本当のことなのか、本土行きが決まって浮かれている挑戦者たちの気を引き締めるための「おどかし」だったのかはわかりません。

でも、このスタッフの注意は、やけに印象に残りました。

鹿児島県に、「走る冒険家」こと、Ｐｏｎ※（ぽん）ちゃんという女性がいます。

本名は岩元みささんといい、生まれは１９９３年。

もともと陸上競技をやっていて、高校を卒業後、「私自身が挑戦する姿で、周囲の人を勇気づけたい！」と考え、冒険家になった方です。

日本で開催されるマラソンだけでなく、世界一過酷と言われる「サハラマラソン」や「イラニアンシルクロードウルトラマラソン」などにも参加されています。

２０１８年の「イラニアンシルクロードウルトラマラソン」では、２３０キロを走破して、日本人初の完走者として、話題になったこともあります。

このPonちゃん。

南アフリカのケープタウンで、現地人の男性にナイフをつきつけられて、「money!」と、お金を要求されたことがあるそうです。

治安の悪い国に行くこともある冒険家ですから、「いつかは、ホールドアップに遭遇するかもしれない」と覚悟はしていました。

しかし、実際にそうなってみると、怖い……。冷静を装ったけれど、本当に怖かったそうです。

おとなしくお金を渡せば、命は助かるかもしれません。

しかし、Ponちゃんの頭のなかに、怖いながらも、こんな考えが浮かんできたのです。

(ここで私がお金を渡してしまったら、日本からの旅行者が、また、同じ目に遭うかもしれない。そして、この人はこれからも同じ手段で、日本人やアジアの人たち

からお金を奪い続けて生きていくことになるかもしれない。それは、どっちも嫌だ！）

生まれてはじめての「ホールドアップ」で、恐怖を感じながらも、Ｐｏｎちゃんはそう考えたのです。

ナイフをつきつける相手に伝えた言葉

そんなことを考える間も、ナイフは、ずっと右の脇腹に突きつけられたまま。

まさに絶体絶命。

そのとき。

（この人は、きっと、愛が足りていない）

Ｐｏｎちゃんは、そう感じました。そして、携帯の翻訳機能を使って、こんな言葉を相手に伝えたのです。

「私は日本人です。日本人はアフリカ人のことが大好きです。私は、あなたと友だちになりたい」

意外な言葉に驚く相手。すぐには受け入れられない様子。

しかし、その後、何度か言葉をやりとりするうちに、相手は、つきつけていたナイフを降ろして、携帯にこんな言葉を打ち込んでくれたのです。

「Sorry」

（よかった！　心が通じた！）

安心したPonちゃんは思いました。

（ここでこのままお別れしたら、この人は、あとから、「あのときはうまく言いくるめられてしまった」と思うかもしれない……それも嫌だな……）

そこで、こんな提案をしました。

「友だちになってくれてありがとう。ナイフを降ろしてくれてありがとう。友だちになった記念に、一緒に買い物に行きましょう。あなたは、何が欲しいのですか？」

聞けば、その男性。本当にお金がなくて困っていて、赤ちゃん用のオムツが欲しいと。

Ｐｏｎちゃんは、「これは、友だちになった記念だからね」と念押しをしたあと、２人でオムツを買いに行き、仲良くお別れしたそうです。

なんて素敵なホールドアップの話でしょうか！

Ｐｏｎちゃんは言っています。

「相手を脅して奪うのではなく、仲良くなって助け合うという関係性を、地球で生きていくみんなが大切にしていけたら、世界は平和に向かっていくと信じています」

この話を聞いて思いました。

「本当にお金に困ったときは、人差し指を相手に向けて、ホールドアップの真似をする。それをされた相手は、『好意としてあげられる額』のお金を黙って渡してあげなくてはならない」

そんな慣習を世界中で「約束ごと」にしたら、世界中から「物騒《ぶっそう》な本物のホールドアップ」がなくなるのではないか？

……と、そんな夢のようなことを考えてしまいました。

※走る冒険家Ｐｏｎちゃん（岩元みさ）
１９９３年７月４日生まれ。鹿児島県出身。「サハラマラソン（２３７㎞）」「ナミブレース（２５１㎞）」など完走。２０１８年「イランシルクロードウルトラマラソン（２３０㎞）」では、最高気温63・１℃の中、日本人初完走。モチベーショナルスピーカーとして講演活動もしている。
「走る冒険家Ｐｏｎちゃん公式チャンネル」
https://m.youtube.com/channel/UCz3Q8RMZ9L2_papwS_ZW0aQ

02 かけだし芸人時代の萩《はぎ》本《もと》欽《きん》一《いち》さんに、お弁当を分けてくれた人

かつては、1週間の出演番組の視聴率の合計から、「視聴率100パーセント男」などと呼ばれていた、「欽ちゃん」こと、萩本欽一さん。

これは、そんな萩本さんが、まだ、かけだしの芸人だった頃の話です。

最近は、上司と部下が一緒に食事をしても、上司が部下にご飯をおごるということは、めっきり少なくなったのではないでしょうか。

「先輩が後輩のご飯代を持つ」。そんな文化が、いまだに当然のように残っているのが、お笑い芸人さんの世界。

萩本欽一さんが、まだ、無名の新人だった頃。お金がないので、お昼はいつも素うどんで我慢していたそうです。

しかし、本当にカラッケツで、素うどんすら食べられないこともあったそうで、そんなときは、師匠や先輩をヨイショして、なんとかご飯をごちそうしてもらっていました。

先輩のコメディアンが楽屋入りするときに、人差し指に小さなバッグをひっかけているのを見れば、スタタタッと近寄っていって、声をかけます。

「師匠、指が折れます」

そう言って、バッグを奪い取るようにしてお持ちする。

バッグを持っていない先輩なら、小脇に抱えている新聞までも「お持ちします！」って言って奪いとる。

そうすると、たいがいの先輩は、「こいつ、お金がないな」って察してくれて、お小遣いをくれたり、ご飯に連れていってくれたりしたそうです。

萩本さんは、子どもの頃から、ガキ大将の機嫌をとるのが得意だったので、この

「先輩ヨイショ」はお手のものだったのだとか。

お弁当を分けてもうためのワザ

そんなある日のこと。萩本さんは、同じ若手芸人の『青空球児《きゅうじ》・好児《こうじ》』の球児さんが、当時の大人気コメディアン・東八郎《あずまはちろう》さんに対してやった、「お弁当を分けてもらうワザ」を見て、感心します。

その日、東八郎師匠が楽屋入りするのを待ち構えていた球児さん。師匠が楽屋入りするのを見つけると、楽屋に届いていた東さん用のお弁当を手にとり、東さんの目の前へ駆け寄ります。

そして、なんと弁当を勝手に開け、そのふたを東さんの目の前に差し出して、こう言ったのです。

「師匠、ここが空いてます」

言われた東さん。

「勘弁してくれよ〜」と言いながらも、お弁当の中身を三分の一くらい、そのふたに乗せてあげたのです！

それを横で見ていた萩本さん。「こんな手があったのか！」と思いました。

さっそく次の日。東師匠が楽屋入りすると、前の日の球児さんの真似をして、師匠用のお弁当を勝手に開けて、そのふたを、師匠の目の前に差し出しました。そして。

「師匠、ここが空いてます！」

「なんだ、おまえもマネすんのか……」

タメ息をつく東師匠。萩本さんは、そのときの東師匠の顔を今でも覚えているといいます。

師匠は、やれやれという顔をしながらも、お弁当を分けてくれたそうで。東八郎さん、本当に優しい人だったのですね。

これが、ダウンタウンの浜田さんだったら、鼻の穴に指を突っ込まれてシバキ倒されるかもしれません……。あくまで私の勝手なイメージですが……。

さて。

時は流れて、その後、萩本さんは、テレビ界で大人気者になりました。

いっぽう、東師匠は、そんな萩本さんに、「息子が本気で芸能界に入りたいと言ったら味方になってくれ」と、まだ18歳だった息子さんを残して、52歳の若さで世を去ってしまいます。

その息子さんの名は東貴博《あずまたかひろ》。そう、タレントの東MAX（アズマックス）さんです。

萩本さんは、東師匠の亡きあと、貴博さんの「芸能界での父親」になりました。貴博さんを自分の劇団に入れ、芸能界で独り立ちさせたのです。安めぐみさんとの結婚式には、「父親の代役」として出席もしています。

人マネで、弁当のふたを差し出した萩本さんに、やれやれという顔をしながらも、中身を分けてくれた東八郎さん。東さんも、まさか、自分にそんなことをした萩本さんに、将来、息子の未来を託すことになるとは思わなかったことでしょう。

なんだか不思議な縁《えにし》……。「情けは人の為ならず」という言葉を思い出す話です。

（参考『欽ちゃんの、ボクはボケない大学生』萩本欽一著　文藝春秋）

03 「こち亀」に学ぶ、仕事を長く続けるコツ

長く続くものには、「長く続くだけの理由」が必ずあるものです。

『ドラゴンボール』『ワンピース』『鬼滅の刃』など、メガヒットの人気漫画が次々と登場してきた集英社の漫画雑誌、『週刊少年ジャンプ』。

競争が激しく、生き残りが難しいその紙面で、なんと40年間（1976年～2016年）も連載を続けた漫画が、「こち亀」こと、『こちら葛飾区亀有公園前派出所』です。

内容は、派出所勤務の主人公、両さんこと両津勘吉が、騒動を起こすギャグ漫画。

言ってしまえば、そんな、他愛もない話を描いた漫画が、いったい、どうして、そんなに長く続くことができたのでしょうか？

もちろん、長期連載の最大の理由は、作品の面白さにあります。

ここでは、それにはあえて触れず、それ以外の理由について。

40年間も連載が続いた理由。


1つ目は、「目新しさ」。

実は、今でこそ普通のことになりましたが、連載当時は、「この絵柄で、ギャグマンガなの？」という斬新さがあったのです。

ギャグ漫画の絵は、『天才バカボン』で有名な赤塚不二夫さんに代表されるような、大人だって、せいぜい、三頭身で描かれるような絵柄。

それなのに、「こち亀」は、劇画のようなタッチなのにギャグ漫画。

それが、目新しくて、読者の目を引いたわけです。


2つ目の理由は、「柔軟な変化」。

「交番を舞台にしたギャグ漫画」というスタートを切った「こち亀」。

作者の秋本治さんは、「この路線では、すぐにネタが尽きる」と考えたそうです。

そんなとき、編集者からのアドバイスもあって決めたのが「下町をテーマにする」という新路線。

ご自身も亀有の出身なので、この路線はまさにビンゴでした。

編集者の言葉を聞いて、柔軟に変化したわけです。

また、次々と個性的なレギュラーキャラクターを登場させたのも「変化」ですね。

3つ目の理由は、「尽きないネタ」。

「こち亀」は、毎回、自動車やメカなど、秋本さん自身が「好きなこと」や「興味があること」を描いていたので、ネタが尽きなかったのです。

好きなことを描いているから、本人も楽しんで描けます。

秋本さんは、新聞や雑誌で気になる記事があるとスクラップしてネタとしてストックしていたといい、なんと、40年間、ネタに困ったことはなかったのだとか。

最大の理由は、「スピード力」

そして、もう1つ。私が、これが長期連載の最大の理由なのではないかと思っていること。それは……。

4つ目。「納期厳守」！

秋本さんは40年間、ずーーーっと、締め切りを守り続けたのです！

時間管理が完璧な秋山さん。

マンガを描く時間は9時から19時までと決めていて、アシスタントも出勤するとタイムカードを押すという厳密さ。

昼と夜には1時間の食事タイムがあり、残業も「なるべくしない」と、漫画家のイメージである「徹夜」とは無縁な仕事ぶり。

それでいて、「こち亀」連載1話分の原稿は、約5日で仕上がったそうです。

そして、余った2日間で自分の好きなことをやったり取材をしたりして、新ネタを仕込んでいく。

アウトプットとインプットの見事なサイクルができあがっていました。

編集者にとって、これほど有り難い漫画家はいないでしょう。

なにしろ、毎回、「締め切り前」に原稿を渡してもらえるのですから。

編集者が漫画家に伝える「締め切り」というのは、実は、「本当にもう無理」という締め切りの約1週間前なのだそうです。

それなのに、秋本さんは、伝えられた締め切りのさらに1週間前に原稿を完成させたこともあるそうで……。

このときは、編集者が「もうあがったんですか……」と狼狽したそうです。

「スタート時の斬新さ」

「変化を受け入れる柔軟性」

「ネタの豊富さ」

「納期を守るスピード」

どれも、読者や編集者にとっては、有り難いことばかり。

「こち亀」が、長く、愛され続けたわけです。

企業で、新卒社員の研修を担当している知人がいます。彼が、新卒たちに、「仕事の極意」として、口をすっぱくして言い続けるのが、次のひと言。

「スピードは、すべてを凌駕《りょうが》する!」

「200パーセントの素晴らしい出来だけど、納期を守らなかった仕事」と、「80パーセントの出来だけど、納期を守った仕事」では、0対100で、後者のほうが評価されるということです。

「こち亀」が40年続いた4つの理由。

会社でのビジネスに置きかえれば、**「初対面のインパクト」「相手の意見を聞き入れる柔軟さ」「引き出しの多さ」「仕事の速さ」**でしょうか。

ビジネスの世界で、お客様や取引先と長いお付き合いを続けるためのワザとして、そのまま応用できるような気がします。

（参考『秋本治の仕事術』秋本治著　集英社）

04 所ジョージさんからの「謎の贈り物」

所ジョージさんは、とても不思議なタレントです。

MCをつとめる番組を見ていても、決してグイグイ前に出るタイプではありません。司会をしながらギャグを飛ばし続けるお笑いタレントもいますが、所さんは一見、淡々と番組を進めます。それでいて、不思議な存在感と安心感があるのです。

そのせいか、所さんが司会をする番組は、長寿番組になることが多い。

たぶん、肩に力が入っていない（ように見える）ところが、所さん独特の「味」になっているのだと思います。

そんな所さんが、落語家の九代目林家《はやしや》正蔵《しょうぞう》さんに「謎の贈り物をした」という話です。

林家正蔵さんが、真打襲名披露興行をしていたときのこと。懇意にしていた所さんに呼び出された正蔵さん。ご自宅へ行ってみると、所さんから直々に、手のひらに収まるくらいの桐の箱を渡されました。帰ってから開けると、中身は「刀の鍔《つば》」。その鍔には林家の家紋である「花菱《はなびし》」が刻まれていました。

これだけなら、立派な真打襲名のお祝いの贈り物です。ところが……。この刀の鍔、なぜか、銀色のラッカー（塗料）で、塗装されていたのです。

「何これ？　どういうこと？」

その刀の鍔は、決しておもちゃではありません。どう見ても本物っぽい。実際、正蔵さんが、不思議に思いながらも古美術商に見せてみると「間違いなく、れっきとした本物です」と。

その古美術商の鑑定では、普通なら１００万円以上の価値があるとのこと。

しかし、なにしろ、銀色の塗装がされてしまっています。そのために、「残念ながら、価値はゼロになってしまいましたね」と言われてしまいました。

なぜ所さんは、価値のある刀の鍔、しかも、林家家の家紋が入った刀の鍔を、わざわざラッカーで塗装して正蔵さんに贈ったのでしょうか？

箱のフタに、書かれていたメッセージ

所さんの意図がわからなかった正蔵さんでしたが、ふと桐の箱のフタの裏を見てみると、何やら文字が書かれています。

それは、所さんから正蔵さんへ向けた、直筆のメッセージでした。

そこには、こう書かれていたのです。


「伝統は壊さなければ意味がない」

メッセージを見た瞬間。正蔵さんは、めまいがするほどの衝撃を受けたといいま

す。

私は、このエピソードを、長年、テレビの世界で番組制作者として活躍をされ、『恋のから騒ぎ』や『1億人の大質問!? 笑ってコラえて!』(ともに日本テレビ系) などのヒット番組を手がけた吉川圭三さんの著書で知りました。

所さんのことをよく知る吉川さんは、このエピソードについて、およそ次のようにおっしゃっています。

「所ジョージは、正蔵が林家の伝統を積み上げて芸を磨いていることも、それが大切であることも重々わかったうえで、正蔵に対して「少しは伝統を壊してもいいんじゃない? そのほうがもっと輝けるよ」というメッセージを伝えたかったのではないか?」

所さん、かっこよすぎ! 「伝統は壊さなければ意味がない」って、名言だと思います。

たとえば、**日本の伝統芸能である歌舞伎の世界では近年、『ワンピース』や『風の谷のナウシカ』などのアニメ作品を歌舞伎にアレンジして上演し、好評を博して**

います。

これなど、よい意味で伝統を壊しているのではないでしょうか。

一般企業でも、老舗の会社が時代の変化に合わせて新事業に乗り出して、躍進するということがあります。

「伝統」なんて大仰《おうぎょう》なものでなくても、**「ずっとこうすることが慣習になっている」「これについては、こう進めることが決まり」**などということ。どこの会社にもあるのではないでしょうか？

その慣習。本当に必要なのか？　そう考えると、新しい何かが見えてくるかもしれません。

伝統は、よいところを残しつつ、積極的に壊していく。そうしてこそ、「より輝ける」のではないでしょうか？

（参考『たけし、さんま、所の「すごい」仕事現場』吉川圭三著　小学館）

05 たとえ先生でも、生徒に「聞いてはいけないこと」

こちらに悪気がなくても、ほんのちょっとした何気ない質問が、相手の神経を逆なでしたり、心を傷つけてしまったりすることがあります。

相手が利害関係のない大人なら、「こんなことを聞いてくるなんて、なんて無神経な人なんだろう」と思って、あなたとの距離を置けば済むことと思います。

でも相手が、あなたと毎日、顔を合わせなければならない立場で、さらに、あなたのほうが、立場が上だったらどうでしょう。

あなたから無神経な質問を受けるたびに、相手は傷つき、言い返すこともできず、あなたのことがどんどん嫌いになるのではないでしょうか。

これは、そんな「無神経な質問」に気がついて猛省した、ある英語塾の先生の話。

京都府の京丹後市で、「クスダ英語塾」という、小中高生を対象に英語を教える塾を経営されている楠田ゆかりさん。

「実際に外国人と話ができる英語」を、生徒たちに楽しみながら学んでもらうということを、何より重視されています。

そんな楠田先生が、あるとき、中学生の生徒に英語でこんな質問をしました。

「What do you have for breakfast?」

「朝食に何を食べますか？」という、ごく普通の質問です。

しかし、質問された生徒は、うつむきながら、こうつぶやいたのです。

「俺んち、たまに菓子パンが置いてある。何もないときもある。母ちゃん、朝は、起きてこないから……」

その生徒の辛そうな顔を見て、楠田先生は、不注意な質問をした自分にとても後悔したと言います。

（ああ、悪いことをしてしまった。みんなの前で話させるべきじゃなかった。浅はかだった……）

この話とは別に、以前に私は、父の日の宿題として、「私のお父さん」という題名の作文を宿題に出した小学校の先生の体験を聞いたことがあります。

その先生のクラスの児童の1人が、1年前にお父さんを交通事故で亡くしていて、そのことを作文に書いてきたのです。

その子の作文には、お父さんが1年前に死んでしまい、今、お母さんが働きに出て自分を育ててくれていること、そして、早く自分が大人になってお母さんを楽させてあげたいということが書かれていました。

作文を読んだその先生は、各家庭の事情も考えずに、安易な宿題を出してしまった自分の配慮のなさを反省し、その子に謝ったそうです。

楠田先生は言っています。

「英会話のレッスンとして、家族のことを尋ねる先生がいる。そういう教材もある。でも、最近両親が離婚したばかりの子がいるかもしれない。両親が交通事故で亡くなっていて、親戚のおじいさんおばあさんに育てられている子がいるかもしれない。

そういうことを、自分の一部だとして受け入れて、話すのに抵抗がない子もいるし、誰にも話したくない子もいる。『話したくないんです』と、言えない子もいる。だから、『子どもが答えたくないかもしれない質問はしない』『そういうデリケートな質問を、英会話のペアワークとしてテキストに載せない』。そんな想像力が、教師には必要だと思う」

楠田先生のおっしゃるとおり。そして、これは先生に限った話ではありません。

100人の人がいれば、100通りの人生があります。

相手の事情によっては、ごく普通の質問が、「言葉の暴力」になってしまうことがある。注意しても、しすぎることはないと思います。

06 小学5年生が詠んだ「新型コロナ」と「明日への希望」

新型コロナウイルスは、私たちに、**「ごく普通の日常」が、いかに尊いものであったのか**を教えてくれました。

そして、その思いは大人たちだけでなく、子どもたちも同じ。**毎日、学校で友だちと会えること。友だちと話をしながら給食を食べること。運動会や遠足ができたりすること。**「普通のこと」の有り難さを、たくさんの子どもたちが知ることになりました。

そんな、「新型コロナによって奪われた日常」への思いと「明日への希望」を詠んだ、ある小学5年生の男の子の短歌を紹介します。

まず一首。

日常のすべてが変わった金曜日　友と会えない日々が始まる

作者は、鹿児島市在住の小学5年生（2021年当時）、稲盛智人《いなもりともひと》さん。短歌とエッセーの季刊誌、『華』に、今年、掲載された一首です。

この『華』は、2005年に「闘牛の島」で角川短歌賞を受賞された森山良太氏が、自ら主宰する歌会「華」の季刊誌として、平成2年に創刊したもの。

稲盛君はこの歌会のメンバーで、季刊誌『華』の常連なのです。

この歌は、新型コロナによって、今週かぎりで学校が休校になることを受け、そのやるせない思いをストレートに詠んだ心の叫びのような一首です。

次の作品は、バザーも社会科見学も中止になってしまったときの一首。

今まではこれが最後とは思わなかった　目にも見えないウイルスのせい

普通にある……、あるのがあたりまえだと思っていた行事が次々となくなってしまう悔しさ。新型コロナへの怒りが伝わってきます。

しかし……。たとえ、新型コロナの終息が見えず、学校に行けない日々が続いても、稲盛君は希望を失ってはいませんでした。

そんな思いが伝わってくるのが、コロナ禍で詠まれた、次のような作品です。

真っ暗な夜の闇にも月はある　いつもの暮らし　いつもの日常

人生が真っ暗闇に思えてもきっと見つかる一番星が

負けないぞ今だふんばれと言うように青葉はのびる　五月の空に

人間の人生には、ときとして「人生観が変わる瞬間」というものがあります。

それは多く場合、「**これまでと同じ日常が続くということは、実は奇跡なのだと知ったとき**」です。

コロナ禍の子どもたちは、大人でもキツイ、「日常が壊れる瞬間」を経験しました。

楽しみにしていたこと、目標にしていたこと、そうしたものを奪われるという理不尽な仕打ちを味わいました。よい意味でも悪い意味でも、「人生観が変わった」という子どもがたくさんいるのではないでしょうか。

子ども時代にそんなツラい経験をした彼らは、きっと、「心が強くなった」のではないか。

新型コロナは、多くの子どもたちに、「日常への感謝の思い」と「強い心」を残したのではないか。

稲盛君がコロナ禍に詠んだ力強い短歌は、その1つの「証し」のような気がするのです。

最後に、稲盛君がコロナ禍ではない「日常」を詠んだ歌を一首。

皮二本、もも塩三本　頂きます　塾の帰りに父と寄り道

この短歌にあるような、「日常」が、本当に戻る日を祈らずにはいられません。

07 水島新司さんが野球漫画に起こした「6つの革命」

2022年1月10日、『ドカベン』『あぶさん』『野球狂の詩』など、数々の野球漫画で知られた漫画家の水島新司さんが亡くなりました。

実は私、子どもの頃から水島さんの漫画のファン。いっときの『ドカベン』なんて、「こんなに面白い漫画ってあるだろうか」などと思いながら読んでいました。

水島さんが野球漫画に与えた影響の大きさは計り知れません。

また、その作品を読んでプロ野球選手になったプレーヤーも多く、現実世界の野球界にも影響を与えました。

そんな「野球漫画の神様」、水島新司さんが、それまでの野球漫画の常識を破った「6つの革命」についてお話しします。

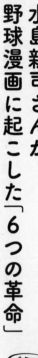

●革命1　リアルにこだわった

水島さんの野球漫画には、かつての『巨人の星』『侍ジャイアンツ』などの作品に出てくるような、ボールが消えたり分身したりという荒唐無稽な**「魔球」は登場しません。**登場したとしても、『野球狂の詩』で水原勇気が投げたドリームボールや『ドカベン』で里中智《さとる》が投げたサトルボールのように、「もしかしたらリアルでも投げられるかもしれない」という変化球の1種どまり。

漫画ですから「魔球」が悪いというわけではありません。しかし、水島さんは、**「野球はリアルでも十分に面白いし漫画になる」と信じて、それまで野球漫画の常識を破り、リアルな野球にこだわった**のです。

●革命2　正確なフォームにこだわった

野球漫画を読んでいると、明らかに水島さんの漫画に描かれているピッチングフォームやバッティングフォームを模写して描いている絵をよく見かけたものです。

それくらい、水島さんの描く野球漫画の登場人物たちのフォームは、野球の基本通りにしっかりと描かれていました。

驚くべきは、プロ野球を舞台にした漫画で、**実在の選手たちのフォームが本人そっくりに描かれていたこと。**ビデオもなかった時代から、フォームをちゃんと描くのは至難のわざだったはずです。

この「1人ひとりフォームを描き分ける」という精神は漫画のキャラクターにまで及び、**主要なキャラクターは、ライバル選手に至るまで、きっちりとフォームが描き分けられていました。**

●革命3　試合では全選手を設定した

漫画『ドカベン』では、試合の際、主人公たちのチームである明訓高校のスターティングメンバーだけでなく、相手チーム全員のメンバー表も描かれました。

ライバル選手だけでなく、相手チームのライトで8番打者の選手まで、全員の顔と名前をキッチリと設定したのです。これも、それまでの野球漫画では考えられないことでした。

●革命4　試合を1回から9回まで描いた

水島さん以前の野球漫画の試合シーンは、言わばスポーツニュースの「試合ダイジェスト」のようなもので、ハイライトシーンのみが描かれていました。

しかし水島さんは、**試合によっては1回から9回まですべて描いた**のです。これにより、読者はまるで「野球漫画」ではなく、「野球の試合」を見ているような感覚に陥りました。水島さんは、野球漫画を「**野球観戦漫画**」にまで進化させたのです。

●革命5　キャッチャーを主人公にした

水島さんの代表作の1つ『ドカベン』の主人公、山田太郎のポジションはキャッチャーです。

それまでの野球漫画の主人公はピッチャーというのがお決まりでしたから、これはもう大革命でした。水島さんは、**「実は試合を動かしているキャッチャー」を主人公にすえる**ことで、野球における、バッターを抑えるための配球の面白さまで、野球漫画の幅を広げたのです。

●革命6　パ・リーグを舞台にした

1973年に連載がはじまった『あぶさん』は、主人公がパ・リーグの南海ホークス（現福岡ソフトバンクホークス）に入団するという画期的な作品でした。

今でこそ、スター選手がたくさんいて大人気のパ・リーグですが、その当時は、スポーツニュースでも試合結果のみしか流されなかったほどの不人気。「人気のセ、実力のパ」などという言葉もあったほどでした。ホークスファンだった水島さんは、そんな時代に**あえてパ・リーグを舞台に漫画を描いた**のです。

以上、私が考える水島新司さんの「野球漫画の常識を破った6つの革命」、いかがでしたか。

水島さんが野球漫画にもたらした革命は、細かく見れば無数にあるのですが、大きなところをお伝えしました。

「野球を通して、すべてのことを描くことができる。だから野球漫画以外は描かないと決めた」とおっしゃっていた水島さん。

この6つの野球漫画革命を見ると、**いかに野球というスポーツを愛し、そして、野球の持つ魅力を信じていたかがわかる**ような気がします。

野球ファンの1人として、たくさんの傑作野球漫画を残してくださった水島先生のご冥福を祈りたいと思います。

08 まさかの史上最高のバッター

もう１つだけ、水島新司さんの話。私が大好きなエピソードです。

それは、まだ私が学生だった頃。水島さんがプロ野球中継のゲスト解説者としてテレビ出演されたことがありました。

今は、デーモン閣下が大相撲の解説者としてＮＨＫの相撲中継に出演したり、野球好きで知られる元ＳＭＡＰの中居正広さんがプロ野球中継のゲスト解説者として出演したりと、「そのスポーツのプロ未経験者」が解説者として起用されるいうことが珍しくなくなりました。

しかし、当時としては、とても画期的な起用だったと思います。

事件（？）は、この番組で起こったのです。

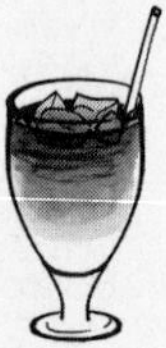

私は当時から水島漫画のファンでしたから、「おーーっ」と思って番組に見入っていました。

試合が半ばにさしかかった頃だったでしょうか。

実況アナウンサーが、なにげなく、こんな質問をしました。

「水島先生がこれまでご覧になってきた野球選手のなかで、最高のバッターは誰でしょうか？」

聞いた瞬間、「おっ、このアナウンサー、なかなかいい質問をするじゃないか」と思いました。

プロ野球についての造詣も深い水島さんが誰の名前を挙げるのか。

水島さんが描いている漫画を見ると、野村克也さんだろうか？　いやいや、やはり長嶋茂雄さんだろうか……などと、瞬間的に何人かの選手が頭をよぎったのを覚えています。

しかし、水島さんの回答は、想像を絶するものでした。

水島さんは、間髪入れずに、こう即答したのです。

「それはもう山田太郎ですね！　ドカベンです！」

まさか、自分の漫画のキャラクターの名前が出るとは！

驚いて二の句がつげないアナウンサー。

さらに水島さんは、こう続けました。

「何しろ、ドカベンは甲子園での通算打率が7割5分ですからね。あんなすごいバッターはほかにはいません」

これには、テレビを見ていた私も『ほかにはいません』もなにも、あなた自分で描いたんでしょうが！」と、心のなかでツッコミを入れたほど。

当然、アナウンサーは、ほぼ黙殺。私の知るかぎり、これ以降、水島さんがプロ野球番組の解説者として呼ばれることはなかったように思います。

しかし、あとから考えると、「ここまで自分のキャラクターに感情移入していたのか」と、感動すら覚えます。

水島さんは、こんなことをおっしゃっていたこともあります。

「(『ドカベン』の原稿を描いているとき)ネームでは三振するはずだった岩鬼《いわき》が、ペン入れをしたらホームランを打ってしまって驚いた」

漫画家や小説家は、ときに「描いているキャラクターが勝手に動き、勝手にしゃべる」という経験をすることがあるといいます。

水島さんほど生き生きとしたキャラクターを描いていれば、そんな経験を何度もしておられたのかもしれません。

ちなみに、水島さんは、「自分が惚れたキャラクター」として、ドカベンこと山田太郎、岩鬼正美(『ドカベン』)、藤村甲子園(『男どアホウ甲子園』)、岩田鉄五郎(『野球狂の詩』)、景浦安武《かげうらやすたけ》(『あぶさん』)の5人を挙げています。

作者自身が「惚れる」ほど魅力的なキャラクターたちだから、長年にわたって読者に愛され続けたのではないでしょうか。

09 藤子不二雄Ⓐさんの、アニメ化できない問題作(?)とは

2022年は、1月の水島新司さんに続き、4月7日、日本を代表する漫画家の1人、**藤子不二雄Ⓐ**さんがお亡くなりました。

代表作を挙げれば、**『忍者ハットリくん』『怪物くん』『プロゴルファー猿』『まんが道』『少年時代』**そして、大人向けに描かれた**『笑ゥせぇるすまん』**など、きりがありません。

そして、これらの作品は、そのほとんどがテレビアニメや実写ドラマ、あるいは映画化されています。

ところが、1つだけ、人気があったにもかかわらず、どうしてもテレビアニメ化できなかった問題作（?）があるのをご存知でしょうか。

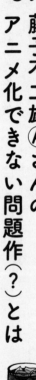

その作品は**『魔太郎がくる!!』**。

1972年から1975年にかけて『週刊少年チャンピオン』(秋田書店)に連載された作品です。

その当時の『週刊少年チャンピオン』と言えば、『ブラック・ジャック』(手塚治虫)/『ドカベン』(水島新司)/『がきデカ』(山上たつひこ)/『バビル2世』(横山光輝)など、人気漫画がめじろ押し。そんななかにあって、カルトな人気を誇ったのが、この『魔太郎がくる!!』という作品でした。

物語の主人公は、**浦見《うらみ》魔《ま》太郎《たろう》**という中学生。ひ弱で、いじめられっ子のこの主人公が、黒魔術などを使って、毎回、自分をいじめた相手に「恨み」を返すという内容。

子どもの頃、自分自身がいじめられっ子だった藤子さんが、「いじめっ子に仕返しできたら……」という「いじめられっ子の夢」を漫画にしたような作品です。

私は、連載当時、偶然手にした『週刊少年チャンピオン』で、第1話を読み、最後の展開に衝撃を受けたのを覚えています。

魔太郎が口にする決めゼリフは、「**こ・の・う・ら・み・は・ら・さ・で・お・く・べ・き・か**」。

このセリフを言ったあと、物語の後半に黒マントを羽織って反撃に転じた魔太郎が、相手に対して恨みを晴らすくだりは、ある意味、「**最後に悪人が主人公にやられる、お決まりの時代劇**」のようなカタルシスがありました。

過激すぎた内容ゆえに……

しかし、藤子さんと編集部が、「**このままではいけない**」と意識することになったきっかけがありました。

それは、読者に対して、「あなたの恨みを晴らします」といった企画を軽い気持ちで行った際、子どもたちから、深刻な「いじめの悩み」が多数、寄せられたことだったといいます。

作品の世界よりも、現実世界のいじめの方が凶悪化し、深刻な社会問題になっていたのです。

また、連載当時は、世の中に陰惨な事件が少なくて、「漫画の世界の話」と、それほど気にならなかった魔太郎の仕返しも、**今ではとても描けないような過激なもの（ブルドーザーを使ったり、呪い殺したり……）が多数ありました。**

そんなことから、仕返しの方法は少しずつソフトになり、ストーリーも、個性的なサブキャラクターを登場させるなどして、多様化させていったのです。

ちなみに、連載当初の過激な仕返しの数々は、最初に秋田書店刊としてコミックスに収録されたときは、連載時と同じ内容でした。

しかし、のちに発刊された、全集では、20話以上を未収録にし、30話以上を大幅に描き直して収録しています。

藤子不二雄Ⓐという大御所の作品であり、人気もあったにも関わらず、この作品がテレビアニメ化できなかった理由。わかっていただけましたでしょうか。

いや、実際には、のちに藤子さんのもとに、何度かアニメ化の企画が持ち込まれたといいます。

しかし、当の藤子さんが、それを許さなかったのです。

いじめに関しては、相方の藤子・F・不二雄さんも、『ドラえもん』に出てくるジャイアンの妹に、ジャイ子というあり得ない名前をつけたことについて、「もし、ジャイアンの妹に普通の名前をつけてしまったら、同じ名前の女の子がいじめられてしまうかもしれないから」とおっしゃっていましたね。

お2人とも、**自分の作品が、「いじめのきっかけ」になることは、とても耐えられなかったに違いありません。**

蛇足ですが、連載当時、小学生だった私は、この『魔太郎がくる!!』が大好きでした。

好きなあまり、ノートに鉛筆で『死太郎が行く!!』というタイトルの漫画を描いて、クラスメイトに読ませていました。

偉大な先生の訃報を受けて、そんな懐かしいことを思い出しました……。

「ふぅ〜んと納得して役に立つ話」

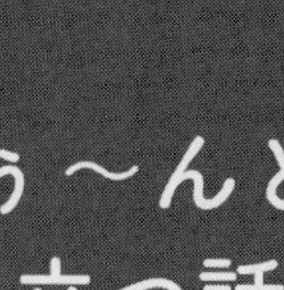

ブレンドコーヒー
とともに読みたい

10 志村けんさん、「スタンダードの条件」

時代を越えて愛される曲のことを、「スタンダード・ナンバー」っていいますよね。

ジャズで言えば、『A列車で行こう』とか『この素晴らしき世界』などの曲が、典型的なスタンダード・ナンバーです。

２０２０年３月。惜しまれつつ亡くなった志村けんさんが、その著書のなかで「スタンダード・ナンバーになるための条件」について分析しています。

志村さんによれば、「スタンダード・ナンバーになるための条件」は、次の４つとのこと。

第１に、曲（メロディ・歌詞）のわかりやすさ（誰もが口ずさめるようなもの）。

第2に、大人から子どもまで、年齢に関係なく、親しみやすい題材。

第3に、曲中に忘れられないフレーズがある（シンプルながら強烈なインパクト）。

第4に、バランスのある完成度。


こうした条件をクリアした曲が、スタンダード・ナンバーに成り得ると。

そして、志村さんは、この「**スタンダード・ナンバーの条件**」**をコントに応用していた**というのです。

たとえば、あの「バカ殿様」のコント。

まず、派手なメイクで、「**誰もがわかりやすいビジュアル**」をしています。

そして、**テーマは、大人から子どもまで、誰でも知っている**「**殿様**」。

カチンときたときに扇子を落とすなど、「**忘れられないギャグ**」がある。

そしてそれが、「そろそろ出るな」「いつものアレ、お願い」的な「**偉大なマンネリ化**」**として完成**されている。

あとは、これらを**バランスよく保っていけばいい**というわけです。

さらに、志村さんはこうしたコントが、「飽きられないようにする工夫」もしていました。

それは、短期間に出しすぎないこと！

お笑いの若手発掘番組で、1つのギャグが注目されて、いろいろな番組から引っ張りだこになったものの、短期間に出すぎてしまったために、あっという間に飽きられてしまう芸人さん、いますよね。

志村さんは、視聴者の「飽きの早さ」をよくご存じだったのでしょう。

言われて見れば、『志村けんのバカ殿様』という番組の初登場はなんと1986年。

あの濃いキャラクターが、34年間も「飽きられることなく」愛され続けてきました。

その最大の秘密が、実は、年に3回以下という、小出しの放送頻度だったというわけです。

志村さんによれば、「見たいけど、たまにしかやっていないという腹八分目の満腹感（空腹感？）」がロングセラーになった要因だと。

志村さんは、同じ理由から、ゲストとして出演する番組も慎重に吟味して、自分が飽きられないように意識していたそうです。

トップを取ってしまったら先がない。「2番手、3番手の位置」をずっとキープするのがベストだと、そう考えていたといいます。

「志村流」を仕事に応用

この「スタンダード・ナンバーの条件」は、一般の会社員でも応用できます。

私なりに考えてみると……。

◇第1に、「提案書を作らせたら社内でナンバー1」「根回しの天才」「お客様の懐《ふところ》に入るのがうまい」など、**仕事で得意とすることが「わかりやすい」**

◇第2に、「なんでも、いつでも相談できる」「仕事を頼みやすい」という「**親しみ**

やすさ」

◇第3に、「期待は裏切りません」「すべてお任せください」など「**忘れられないフレーズ**」

わかりやすい「強み」があって、気さくで、印象的な言葉を使えるバランスのよい人は、社内でも自然と注目され、よい仕事がまわってくるのではないかと思います。

社内での、「自分のスタンダード化」ですね。

それにしても、志村さんが、実に用意周到に計算して、自分のコントを、長年愛され続けられるよう「スタンダード化」させることに成功していたことに驚かされます。

ああ見えて（志村さん、失礼！）とてもまじめな方だったのですね。

（参考『志村流』志村けん著　三笠書房）

11 自宅に泊まりにきた元上司が、秘蔵ワインを勝手に！

もし、元上司があなたの自宅に泊まりにきて、「いつか大切な日に飲もう」と思って、ずっと、大切にとっておいたワインを勝手に飲んでしまったとしたら……。

きっと、怒り狂いますよね。

これは、そんな体験をしたにもかかわらず、その元上司から、「ワインを勝手に飲んだ理由」を聞いて、思わず納得させられてしまった方の話です。

そんな体験をしたのは、かつて、アメリカのモルガン銀行（現ＪＰモルガン・チェース銀行）などに勤務、「伝説のディーラー」と呼ばれ、現在は経済評論家として活躍されている藤巻《ふじまき》健史《たけし》さんです。

藤巻さんによれば、自分が伝説のディーラーとしてモルガン銀行で活躍できたのは、マーカスさんというキレ者の上司が、自分を信用して「大きな勝負」をさせてくれたからなのだとか。

藤巻さんが、「彼には絶対にかなわない」と言うほど優秀な銀行マンだったそのマーカスさんは、50代半ばにしてモルガン銀行をリタイヤ。早々に第二の人生へのチェンジを果たします。

藤巻さんもその後、同銀行を退社し、「投資家へのアドバイザー」へと転身しますが、恩人であるマーカスさんとの交友はずっと続いていたそうです。

さて。お互いにもうモルガン銀行をリタイヤしてからのこと。

マーカス夫妻が日本に遊びにきた際、藤巻さんのお宅に1か月ほど滞在したことがありました。

事件(?)が起こったのはそのときです。

実は藤巻さん、自宅に小さなワインセラーを持っていて、その上段の棚に、「いつか特別な日に開けよう」と、高級ワインを大切にキープしていました。

ところが……。

なんと、このマーカスさん。**藤巻さんのお宅に滞在した初日から、勝手にワインセラーを開けると、このワインを開栓して飲んでしまうではありませんか！**

しかも、それが毎夕食ごとに続くのです。

いくら恩義のある元上司とはいえ、これはいくらなんでも……。

抗議すると、意外な答えが

たまりかねた藤巻さんは、マーカスさんに「それは特別な日のためのワインです」と抗議しました。

すると、マーカスさんからはこんな言葉が返ってきたのです。

「タケシ、特別な日などそうはこない。日々を毎日大切に気持ちよく生きることが大切なのだよ」

今、この瞬間を、いちばん大切にする！

まあ、たしかに真理ではあります。

禅の教えのなかに、**「前後際断《ぜんごさいだん》」**という言葉があります。

ここでいう「前後」とは、「過去」と「未来」のこと。

今さらやり直せない「過去」にとらわれるな。

そして、どうなるかわからない「未来」のことを心配して不安がるな。

そんな「過去」や「未来」は断ち切って、「今、この瞬間を生きなさい」というような意味です。

私の知り合いの、あるセミナー会社の社長さん。

新型コロナの影響で、予定していた約100本のセミナーが全部、キャンセルになってしまいました。

正直、会社存続の危機。

でも、開き直って、こう考えたそうです。

「セミナーがなくなってしまったこと（過去）を、いつまでも悔やんでも仕方な

い。それに、先が読めないのに、これから会社がどうなってしまうのか（未来）と不安がっても意味がない」

まさに、「前後際断」の境地に達したのです。

そして、社員たちに、こう伝えました。

「今期は、もう、売上がゼロでも構わない。目先の売上がないことにビクビクしないで、今できることとして、来期に向けて、仕事の種まきをやってほしい！」

社長のこの言葉で、社員たちの不安は消えたといいます。

２０２０年期を徹底的に種まきに特化した結果、２０２１年になってから、完全リモートセミナーの開催など、新たなビジネスが広がったそうです。

話を戻しましょう。

たしかにこの上司の言うように、「いつか特別な日」って、なかなかやってきません。ワインを後生大事にキープしているうちに、ワインセラーの故障で、全部のワインをダメにしてしまうことだってあるかもしれません。

だったら、出し惜しみしないで、今、楽しんでしまったほうが、ある意味正解なのかも……。

かつての上司……というか、今の自分があるのはこの人のおかげと言っても過言ではない恩人の言葉に、つい、納得させられてしまった藤巻さん。

結局、藤巻家のワインセラーは、マーカスさんが滞在していた1か月の間に空になったそうです。


う〜ん。

なんだか、うまく煙《けむ》に巻かれたような気がしないでもありませんが……。


（参考『コロナショック＆Xデーを生き抜く　お金の守り方』藤巻健史著　PHP研究所）

12 世界的マーケッターが集客を成功させた「会心の宣伝コピー」

商売をするうえで、「いかにして、お客のニーズ（必要としていること）をつかむか？」というのは、永遠のテーマの1つでしょう。

そして、販売のお手伝いをするコピーライターにとっては、いかに短い言葉でお客の心に訴えかけるかが勝負です。

これは、マーケティング・コンサルタントとして数多くの企業を成功へと導き、数々の著書もあるアメリカのダイレクトマーケッター兼コピーライターのダン・S・ケネディさんの話。

あるときのこと。ダンさんは、生命保険会社の経営者たちに対して、こんなテーマのセミナーを企画しました。

「保険営業マンをどのようにリクルート（雇用）するか？」

優秀な営業マンをいかに効率的に雇用するかは、生命保険会社にとって、会社の命運を左右しかねない課題です。

セミナーの内容は「優秀な営業マンを自動的に雇用するための方法」という、経営者にとって、すこぶる役に立つものでした。参加者はみな、遠方からやってきて、高い会費を支払って、このセミナーに参加していたのです。

にもかかわらず……。

セミナーの合間の休み時間。参加者たちの雑談に耳を傾けたダンさんは驚きました。なぜなら、参加していた保険会社の経営者たちは、「翌朝のゴルフ」のことばかり話していたのです。

彼らにとっては、経営に重要なセミナーの内容より、翌朝の懇親ゴルフのほうが楽しみであり、興味の対象だったというわけです。

セミナーを主催する側としては、腹立たしい話。

しかし、転んでもただは起きないのが、世界的マーケッターです。

ダンさんは、この体験をヒントにして、生命保険の業界紙に、自分のこのセミナーをアピールする宣伝広告を打ったのです。

そして、その宣伝広告のたった1行のコピーは、まんまと生命保険会社の経営者たちの興味を引くことに成功。今までとは比べ物にならないほどの宣伝効果をもたらしました。

さて、あなたには、ダンさんが「保険営業マンをどのようにリクルートするか？」というセミナーの広告に、どんな宣伝コピーをつけたかわかりますか？

腹立たしい体験からケネディさんが生み出した、セミナーの集客のための宣伝コピーは次のようなものでした。

「営業マンの採用を自動化すると、あなたはゴルフに出かけられます」

生命保険会社の経営者たちの雑談から、彼らにとっては「ゴルフ」が大きな関心ごとだと知ったダンさんは、そこに、ド直球で訴えかけるコピーをぶつけたというわけです。

相手が本当に興味を持っていることをつかんだら、四の五の言わず、そのド真ん中にドーンと訴えかける。

これは、たしかに効きそうです。

人を動かす極意の1つのような気がします。

（参考『文章の鬼100則』川上徹也著　明日香出版社）

13 お金の心配が頭から離れないとき 楽になれる「4つの考え方」

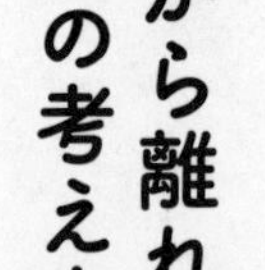

新型コロナウイルスの発生以来、私の周りにも、月の収入が一気にゼロになってしまった人や、予定していた講演がすべて中止になった人などがいました。

企業のトップやお店の経営者にとって、収入減は、それこそ死活問題。新型コロナの発生のような、想定外の出来事は、将来が読めない不安もあり、メンタル面でも厳しいものがあることと思います。

そんな、「お金の心配が頭から離れなくってしまったとき」、せめて、心の持ちようだけでも楽にするには、いったいどうすればよいのでしょうか？

自分の内面に潜む問題を根本的に解決する方法を指南する「感情コンサル®メソッド」を開発され、これまでに５００人以上の経営者・社長に、のべ１０００件以上の感情コンサルを行ってきた、感情コンサル®の押野《おしの》満里子さんは、ご自身が、資金繰りで苦しんだ過去をお持ちです。

家族で経営していた中小企業の経理担当役員として、「運転資金が苦しくなると、自腹を切ってお金を出して、足りない分を補填《ほてん》する」ことから、お金の不安が頭を離れない日々だったのです。

そんなある日、押野さんは、テレビで見た、ホームレス経験者の言葉を聞いて衝撃を受けます。その方は、こう言っていたのです。

「お金が一銭もなくなっても、なんとか生きていけるもんですよ」

この言葉を聞いた瞬間、押野さんは思いました。

「あっ、お金がなくても死なないんだ」

そして、資金繰りに悩むより、いっそのこと開き直って、**「損しても構わない」**と本気で考えてみることにしたそうです。

すると、不思議なことが……。

気持ちが楽になっただけでなく、「**お金に執着せず、楽しいことをしよう**」と考えるようにしたら、いろいろなことが、うまくいくようになったのです。

会社の運用でも、「損してもいいんだから」と、余計な節約は考えずに直感的にいろいなことを決めるようにしたら、ストレスはないし、時間短縮にもなったとか。

図らずも、**「お金に支配される生活」から脱することができた**というわけです。

お金の悩みで苦しいときの脱出法4つ

感情コンサルとなり、経営者からの「お悩み相談」を受けるようになった押野さんは、ご自身の体験も含めて、「お金の悩みが頭から離れなくなってしまったとき、やっていただきたい解消法」として、次の4つを提唱しています。

○お金の悩み解消法① そもそも、自分は何のためにこの事業をやっているのかに

立ち返る

押野さん曰く、資金繰りで頭のなかがお金に支配されてしまったら、会社のヴィジョンや理念に立ち返って「自分が事業を始めた理由」という原点を見直すと、**「残すべきもの、捨てるべきものが見えてくる」**とのこと。

○お金の悩み解消法②「お金がなくなると何が不安なのか」を正しく認識する

お金がなくなることに対して、漠然と不安に思うのではなく、たとえば、「住む家がなくなって、家族が路頭に迷うのが怖い」などのように、いったい何が困るのかを突きつめて考えてみる。すると、かつての押野さんのように、**「お金に困っても、命までは取られない」**と、開き直って精神的に楽になり、大胆な行動がとれるようになって、事態の好転につながるかもしれません。

○お金の悩み解消法③　お金の悩みであっても、人に相談する

責任感の強い人ほど、お金の悩みを1人で背負ってしまいがち。たとえ資金繰りについてなどのシビアな話題でも、家族など、信頼できる相手に相談する。たとえアドバイスをもらえなくても、**相談するだけで心が軽くなるし、背中を押してもらえたり、何が問題なのかが整理できたりします。**

○お金の悩み解消法④　「お金では悩まない」と、自分で決める

押野さんは、自分で感情セラピーをして、ある日、「私は、資金繰りに困らない女になる！」と、自分で自分に宣言したそうです。自分で決めるだけなら、なんの根拠も要りません。彼女は、「**不思議なもので、こう思い込むことで、気が楽になり、気のせいか資金繰りも少し落ち着いたように感じました**」とおっしゃっています。

いかがですか？　押野さんのアドバイスは、経営者向けのものですが、どれも、お金について悩んだときのヒントになる考え方だと思います。

ちなみに私は、解消法の①と④を実践しています。

（参考『社長はメンタルが9割』押野満里子著　かんき出版）

14 人前でアガってしまうたった1つの理由と、究極（？）の克服法

あなたは、たとえば人前で話をしなくてはならなくなったとき、アガってしまうタイプですか、それとも、平気で話ができるタイプですか？

アガリ性の人にとっては、大勢の人たちの前で、流暢《りゅうちょう》に話ができる人というのは、とてもうらやましい存在でしょう。

そもそも、なぜ、人はアガってしまうのか？

知人の心理カウンセラーの方から聞いた話によると、実は「人前でアガってしまう理由」というのは、たった1つなのだとか。

それは……。

恥をかくのが嫌で、「特別な自分」になろうとしてしまうから。

失敗して人から笑われるのを恐れるあまり、普段と違う、カッコイイ自分を見せようとして、「自分ではない自分」になってしまう。その結果、「普段の自分」なら簡単にできることができなくなってしまう……というのが、「アガる」ことの方程式なのだとか。

かく言う私も、子どもの頃、超アガリ症でした。

人前に出て話をするなんてとんでもない話で、体育や音楽の授業でよくあった、「実技試験」なんて、「クラスの皆が自分を見ている」と思うだけで、頭のなかが真っ白になって、いつもはできていることもできなくなりました。

小学校低学年のときには、音楽のハーモニカの実技試験で、緊張のために演奏を始めて数秒で別の曲を吹き始めてしまい、演奏が無茶苦茶になるという、自分でも信じられないような失敗をしたこともあります。

人前で立って自己紹介をしたとき、あまりの緊張で、一瞬、自分の名前が思い出せなくなったことも……（ホントの話です）。

いわゆるアガリ克服法としては、次のような方法が一般的です。

・十分な下調べ、下準備を行う　↓　相手のことを調べたり、練習を積んだりする

・できる限り、アウェイではなくホームで行う　↓　自分になじみの場所で行う。それが無理なら、会場を下見する

・味方を見つける　↓　自分の話にうなずいている人などを見つけて、その人に話すようにする。

と、ここまでは一般論。ここでもう1つ。私のアガリ症が劇的に改善した体験を紹介しましょう。

アガリ症克服へ、究極の方法⁉

子どもの頃からずっと、人前で話すのが苦手な私でしたが、大学生になると、「人前に出ること」を自ら望むようになりました。

それは、クイズ番組に出ること。

相変わらず、予選の面接や、番組内での司会者との絡《から》みは苦手でしたが、なにしろクイズが好きなので、本番での早押しクイズなどは、ほぼ、無心でできたのです。

そんな私が、あるとき、とうとう究極の緊張を味わいました。

それは、テレビ番組『クイズタイムショック』（テレビ朝日系）の本番。

今では、中山秀征さんが司会の不定期放送で、芸能人たちが出演していますが、かつては、毎週放送される一般視聴者参加型のクイズ番組でした。

ご存知のように、高い位置にある解答者席に1人座らされて強制的にクイズに解答するという、心臓が口から飛び出しそうになるほど緊張する番組です。

1分間に12問のクイズに何問正解できるかを競うのですが、成績がよくないと、解答者席の椅子が回転するなどペナルティを受けることになります。

この番組に出たとき、私は運よく1週目を勝ち抜き、同じ日に、2週目の収録にのぞみました（当時の同番組は、チャンピオンは5週勝ち抜けで、はじめてゴールだったのです)。

やらかしてしまったのは、その2週目の収録でのこと。

緊張が限界となり、なんと、**12問中3問しか正解ができず、椅子を回転させてしまった**のです。

当時の「タイムショック」は、夜7時というゴールデンタイムの放送で、視聴率は20パーセントを軽く超える人気番組。そんな番組のなかで、1週抜きのチャンピオンが椅子を回すって、とんでもなく恥ずかしい姿です。

「顔から火が出る」という表現がありますが、もう、顔から出た火でテレビ局を全焼させるくらい恥ずかしかったのを覚えています。

でも……。この「**それまで生きてきた人生で、最大の恥ずかしい体験**」が、私のなかで、何かを変えてくれました。この番組のオンエア以降、どんな恥も、「**あのタイムショックの恥にくらべたら、屁でもない**」って思えるようになったのです。

結果、人前でもあまりアガらなくなりました。

アガる原因は、「恥をかくのが嫌だ」が唯一の理由でしたよね。その「**恥をかくこと**」**が怖くなくなったので、当然のように、アガらなくなった**というわけです。

人前でアがらなくなる方法の「究極の力技《ちからわざ》」。

それは、**1度でよいので、究極の大恥を経験すること。**

そうすれば、「**あのときにくらべたら、この程度の恥、たいしたことない**」って、思えるようになって、その余裕でアガらなくなります。

かの萩本欽一さんも、お笑いの世界に進んだ理由の1つは、「アガリ症を克服したくて」だったという話を聞きました。

アガリ症を克服したければ、自ら大きな恥をかきにいく！

アガリ症に悩む方、騙されたと思って、試してみてください。

15 セミナーの朝。渋滞に巻き込まれて

大切な用事で現地に向かうとき、乗ったタクシーが渋滞につかまってしまって、イライラしたという経験はありませんか？

そんなときは、いったい何を考え、どうすればよいのでしょうか？

これは、そんな状況に陥ってしまった、あるセミナー会社の社長秘書（30代・女性）の体験です。

その社長秘書さん。仮にMさんとしましょう。

Mさんが秘書を務める社長のセミナーが開催される日。セミナーが行われる会場へは、当日の朝、社長は自宅から自家用車で、Mさんは電車で向かう予定でした。

しかし、その日、体調がすぐれなかったMさんは、現地までタクシーを使うこと

にしたのです。慎重派のMさんは、遅刻しないように、かなりの余裕を持って自宅を出たそうです。

タクシーが高速に入ると、車の数が多い。合流地点での渋滞に、思わずため息をつくMさん。

（いや大丈夫。時間は充分にあるから、焦らなくても大丈夫）

自分にそう言い聞かせ、こんなときこそ余裕を持たなければ……と、運転手さん相手に、「ひどい渋滞ですねぇ」なんて談笑することにしました。

しかし、ここで追い打ちが……。高速の案内板に、こんな掲示が出たのです。

【○○出口付近　事故発生】

すぐさま無線で情報収集を始める運転手さん。

しかし、無情にも、やがて、掲示の内容が変わります。

【○○出口　通行止め】

セミナー会場へ行くための高速の出口が封鎖されてしまったのです。
もはや、1つ先の出口を目指すしかありません。
それなのに、乗っているタクシーは1ミリも動いてくれません。
な、な、なんで！　今日にかぎって、どうして？
（このままではセミナーの開始時間に間に合わない……）
さすがに焦るMさん。

「災い」を「福」に変える考え方

しかし、ここでMさんは、普段から社長に言われていた、「ある教え」を思い出したのです。その教えは、こんな内容でした。

『今できる最高最善の行動をとりなさい』

『フォーミーではなくフォーユー。自分ではなく、相手の立場になって考え、行動しなさい』

その言葉を思い出し、少し冷静になったMさん。

いったい、**「今の自分にできる最高最善の行動は何か？」「誰のために、何をするべきか？」**を考えました。

出てきた答えは、「情報の共有」。

Mさんは、すぐさま社長に連絡を入れました。

自分が遅れるという連絡ではありません。

今日の自分と同じように車で高速を使って会場に向かう可能性が高い社長へ、事故渋滞が発生しているという情報を伝えるための連絡です。

社長にとっては慣れた道ですから、もしかしたらカーナビもセットしていないかもしれない。

もし、社長がこの渋滞に巻き込まれたら、セミナーの主役が会場入りできなくなってしまう！　セミナーに参加する人たちのためにも、それだけは防がなければ！

今の時間ならまだ、社長は家を出ていないはずだと考えたMさんは、最善の行動として、社長へ「事故、通行止め」の情報を伝えることを選択したのです。

社長への連絡を終えたMさん。

次の「今できる最高最善の行動」を考え、**「会場入りしてからやろうと思っていたプレゼンの最終的な準備」のうち、車内でできるものをできるかぎり進めた**のでした。

そして、こう考えました。

「今日、私がこの渋滞につかまったのは、もしかしたら、社長がこの渋滞につかまらないようにするために、神様が仕組んでくれたのかもしれない」

そう考えれば、今日に限って体調が悪くなり、いつもは使わないタクシーを使ったことも納得できるのではないか……と。

このときのMさんの考え方こそ、「**災いを福に変える考え方**」です。

この考え方ができれば、どんなトラブルにあっても前向きにとらえられるようになります。

事実、**Mさんは、「自分の判断ミスですみません」と恐縮する運転手に対して、まったく別の話を切り出して、笑いながら雑談をすることができた**といいます。

そのとき、Mさんは、トラブルに対して、そんなふうに前向きに考えることができた自分に驚いたそうです。

社長秘書になる前の自分なら、渋滞にイライラするだけだったはず。

その自分の成長ぶりを誇らしく思い、感動したといいます。

こういう瞬間が、「**自分の成長を実感できた瞬間**」なのかもしれません。

16 ボール球に手を出していた新庄に、野村監督が行った秘策

2022年、北海道日本ハムファイターズの新監督……いや、ビッグボスとしてチームを率いることになった新庄剛志さん。

現役時代は、阪神タイガースからメジャーリーグへ、そして、北海道日本ハムファイターズへと渡り歩き、**その派手なプレーだけでなく、「新庄劇場」と呼ばれた常識破りのパフォーマンスで人気を博した**のはご存知のとおり。

これは、その新庄さんが、まだ、阪神タイガースの選手だった1999年。その年からタイガースの監督として指揮をとることになった故・野村克也さんとのエピソードです。

その頃、ボール球に手を出して三振することが多かった新庄さんに対して、野村監督が実行し、効果を発揮した「大胆な秘策」についての話。

監督就任が決まった当時の野村さんの「新庄選手への評価」は、ひと言で言えば「**バッティング以外は一流**」というものでした。

誰もが認める外野守備のうまさと、とんでもないレベルの強肩。そして、足の速さは言うことなし。あとは、もう少し打率がよくなってくれれば……と。

阪神タイガースの監督に就任した直後の秋季キャンプで、さっそく新庄さんにバッティングについてアドバイスをする野村監督。しかし、新庄さんはそのアドバイスを途中でさえぎって、こう言ったのです。

「**待ってください。これ以上言われてもわかりませんので、また今度にしてください**」

野村監督は、選手時代には三冠王も取ったことがある大選手。監督としてはヤクルトスワローズを日本一に導いた名将です。

そんな人が直接にアドバイスをしてくれているのに、それを途中でさえぎるとは……。

このとき、野村監督は、「**新庄には論理は通用しない。コイツを動かすには感情に訴えるしかない**」と理解したといいます。

当時の新庄さんはツーストライクまで追い込まれると、最後は外側に逃げるとんでもないボール球に手を出して三振することが多いという欠点がありました。

この悪いクセを直そうと考えた野村監督は、キャンプ中、新庄さんにこんな提案をします。

「**自分がやりたいポジションをやっていいぞ**」

この監督の言葉に新庄さんは「ピッチャーがやりたい」と即答。これは、まさに野村監督の期待した回答でした。新庄さんは、まんまと野村監督の策にはまったのです。

キャンプでは、実際にピッチャーの練習をさせました。そして、翌年のオープン戦では、本当にマウンドにも立たせたのです。

もし、このままシーズンに突入していたら、大谷翔平選手が現れる遥か前に、「二刀流」として成功していたかもしれません。

しかし、「ピッチャー新庄」が見られたのはオープン戦だけでした。**野村監督の本当の狙いは別にあったのです。**

経験してみて、わかることがある

野村監督は、新庄さんにピッチャーをやらせたことについて、こう語っています。

「この経験は新庄にとってもプラスになったはずだ。自分でやってみて初めてわかることがあるのだ。実際にピッチャーをやってみて、ストライクを取ることがどれだけ難しいかということが、彼もわかったと思う」

そうです。バッターがボール球に手を出して空振りしてくれることが、どれだけピッチャーを助けるか、新庄さんは身をもって知ったというわけです。

事実、この「ピッチャー体験」以降、新庄さんは、外角に逃げるとんでもないボール球に手を出すことが少なくなりました。

「理屈で説明しても通じない相手に対して、実体験で学ばせること」に成功した野村監督。さすが、名監督と呼ばれただけのことはあります。

野村監督が使ったこの秘策、一般企業でも使えるものです。

私の知るある会社では、期間限定で、営業が事務スタッフの仕事を経験するということを実施しています。さらに、事務スタッフも期間限定で営業と同行し、実際にお客様先へ行くという経験をさせているのです。

こうすることで、営業は、普段、自分の仕事を支えてくれている事務スタッフのたいへんさを知り、事務スタッフのほうも、お客様と接する営業の苦労を体感することができる。

双方が相手の仕事を経験することで、「お互いに助け合う気持ちが生まれる」という相乗効果が見込めるというわけです。

自分と関わる「違う役割」を体験することで、その仕事の苦労を知り、自分の仕事へ活かすという、野村監督が新庄さんのバッティングを変えたこの秘策。

いろいろな組織で、活用できるのではないかと思います。

17「収入ゼロから成功する起業家」に共通するキーワード

仕事が大好きで、やりがいを持って会社で働いていたものの、結婚、妊娠をきっかけに退職、あるいは育児休暇を取得。子育てがひと段落して、仕事に戻ろうとしたものの、元の職場への復帰が叶わず、「それなら、いっそ、ひとりビジネスで起業しようかしら」と、そんなことを考える女性が増えているそうです。

もちろんそこには、ネットワーク社会の定着によって、ほとんど元手なしでも事業を始められるようになった、という社会的な背景があります。

しかし、いざ起業しようとすると、**「何をやったらいいかがわからない」「どうやって、パートナーの理解を得たらよいか悩んでしまう」**という方が多いとのこと。

そんな、「いつかは起業したい」と考えている、悩める女性起業家のタマゴたちを支援する事業を展開しているのが、㈱はっぴーぷらねっと代表取締役社長・一般社団法人ライフミッションコーチ協会®代表理事の叶理恵《かのうりえ》さんです。

叶さんによると、収入ゼロから成功する女性起業家には、ある共通点があるとのこと。それは……。

「レジリエンスが高い人」

このレジリエンスとは、日本語では**「精神的回復力」**とか**「自然治癒力」**などと呼ばれています。失敗や逆境など、ストレスにさらされても適応し、自分のヴィジョンを達成するために**「再起する能力」**のこと。

つまり、「レジリエンスが高い人」とは、簡単にひと言で言えば、**「立ち直りが早い人」**です。

起業なんて、スタート時点では失敗の連続で当たり前。

打たれ弱い人は、この時点で挫折してしまいます。**しかし、ストレスに強く、立**

ち直りが早い人は、この、「軌道に乗る前の試練の時期」を乗り越えることができる。だから、成功率が高い……というわけです。

これまで、3500人を超える「起業を目指す女性」をご覧になってきた叶さんが言うのですから説得力があります。

さらに、叶さんは、この「レジリエンス」を高める方法について、こう言及しています。

「パートナーに『心のサポーター』になってもらうと、（起業した）ビジネスがうまくいきやすくなります」

具体的にはどうすればよいのかというと、まず、**「こんな内容で起業したい」「なぜ、その夢を叶えたいのか」というヴィジョン（夢）やその理由を、パートナーに、真摯《しんし》に打ち明けて理解してもらう。**そして、「協力者」になってもらうのです。

協力者といっても、事業を手伝ってもらうとか、資金を出してもらうというわけでありません。**応援者第1号として、自分がへこんだときに、弱音の1つも聞いて**

くれる存在になってもらう、ということです。

この「落ち込んだときに、弱音を聞いてくれる人」＝「心のサポーター」がいることが、自分の支えとなり、レジリエンスを高めてくれるというのです。

これ、女性起業家にかぎった話ではありませんよね。

自分で新しい事業やお店、副業を始めようと思ったとき、男性だって**パートナーに夢を語って、応援者第1号になってもらったほうが、心おきなく夢を追いかけることができるはず**。

起業成功のカギは「立ち直りの早さ」。そして、その支えは、「心のサポーターの存在」というわけですね。

いつかは起業したいと考えている方、覚えておきましょう。

（参考『夢と現実に橋をかける人柄ビジネス』叶理恵著　BABジャパン）

18 雑談への不安が一瞬でなくなる、もっとも簡単な考え方

人との雑談が苦手。そういう人が結構います。

何か目的があって会話しているときはよいけれど、これといった話題が決まっていない「雑談」になると、何を話してよいのかがわからなくなってしまう……。

最近は日常のコミュニケーションのほとんどがメールやＬＩＮＥになっているので、面と向かっての雑談が余計に恐くなりつつある。

同じ社内の同僚であっても、仕事に関するやり取りはメールなどが多いのですから、そう思う気持ちもよくわかります。

そもそも、なぜ、雑談は恐いのでしょう。

「話題が見つからず、沈黙が続いてしまったらどうしよう」と、そんな心配がよぎ

るからではないでしょうか。

たとえば、取引先で、ビジネスの話がひと通り済んだあと、担当者とまだ何か話さなければならないとき。**いったい何を話題にすればよいかがとっさに浮かばず、重苦しい沈黙になってしまう**……とか。

同じ会社だけどほとんど知らない相手とエレベーターで2人きりになってしまったとき。「何かを話さなくては」と思うだけでプレッシャーになってしまって、「寒くなりましたね」なんて、**どうでもよい天気の話でお茶をにごしてしまう**……とか。

表現を変えると、雑談が恐い理由は、雑談というものが、**「目的のはっきりしない自由演技」**だからです。

雑談には、これといった目的もゴールもありません。そのため、**「何を話してもよい」という自由度の高さが、雑談が苦手な人にとっては路頭に迷う原因になっている**のです。

ということは、この自由演技に、**強引に「明確な目的」を設定してしまえば、やることがハッキリして話しやすくなる**ということになります。

では、どんな「目的」を設定すればよいのか？

私がお世話になっている編集者であり、ビジネス本の著者としても人気の柿内尚文さんの著書に素晴らしい答えが出ていました。

編集者である柿内さんにとって、かつて、雑談は、相手との仕事を円滑に進めるために場を和ませるというアイスブレイクが目的でした。

しかし、どうしても雑談に苦手意識を持っていた柿内さんは、ある日、気がつきます。

「そうか、雑談が苦手なのは、『雑談でアイスブレイクをしないといけない』と思っていたからだ！」

本の著者などの仕事相手に対して、雑談をすることで緊張を和らげる。そのために無理やり雑談をしていたことが、苦手意識の原因だと思い至ったのです。

そこで柿内さんは、雑談の目的を次のように変えてみました。

「雑談は、相手と仲良くなるためにするもの」

そう考え方を変えた途端、あんなに苦手だった雑談が苦ではなくなったのだとか。

柿内さんのこの方法を知って、私も思い当たりました。

実は、私も会社員時代は、仕事ではじめて会う相手との雑談がすこぶる苦手でした。商談まではよいのですが、雑談になると、何を話してよいかわからなくなってしまう……。

それが今、フリーランスになって、初対面の相手と話をするときでも、まったく緊張しないで雑談ができています。たぶん**今の雑談は、「相手と親しくなること」を目的にしているので質問が自然に出てくるのだと思います。**柿内さんが意識して変えた「雑談の目的」を知らず知らずのうちに実践していたというわけです。

雑談が苦手という方。

雑談に「相手と親しくなる」という目的を設定して、相手に質問を投げかけることを意識してみてください。たぶん、雑談の時間が短く感じられるようになります。

（参考『バナナの魅力を100文字で伝えてください』柿内尚文著　かんき出版）

19 嫌がらせをしてくる相手を一瞬で味方に変える「魔法のひと言」

自分の息子をターゲットにしているいじめっ子を、たったひと言で、「息子のボディーガード」に変えてしまったお父さんの話です。

小学生の息子を持つ、あるお父さん。自分の息子が、クラスで評判の悪ガキ……ではなく、少しやんちゃな子にいじめられているということを知ります。

そのときに、このお父さんがとった「ある行動」によって、そのいじめっ子が、自分の息子をいじめなくなっただけでなく、息子のボディーガードのような存在に変わったのだそうです。

このお父さんがとった「ある行動」、どんなことだったかわかりますか？

えっ？「いじめっ子の親に抗議した」ですって？

違います。そんなことをしたら、「親にチクりやがって」なんて、余計にいじめがひどくなってしまったかもしれません。

実はこのお父さん、いじめっ子の親ではなく、イジメっ子本人を日曜日に家に招いて、たったひと言、こう伝えたのです。

「ウチの息子を、ぜひ、いじめから守ってやってくれ」

いじめをやめてくれと言うのではなく、**いじめている本人に、あえて、「いじめから守ってやってくれ」って頼んだ**のです。

お父さんからそう頼まれたいじめっ子は、その息子へのいじめをピタリとやめたそうです。

そして、それだけでなく、**本当にその子のことを他のいじめっ子たちから守ってくれるようになった**のだとか。

ウソのような本当の話です。

いったい、そのいじめっ子の頭のなかで、何が起こったのでしょう？

それは、「いじめっ子である自分」と「お父さんから息子を守るように頼まれた自分」との間に、不一致が生じてしまい、その結果、「いじめっ子である自分」のほうが封じ込められたのです。

脳科学では、このような現象を「**認知的不調和**」と呼びます。

人は、「自分で認知している自分」と「自分が認知している自分と矛盾する自分」の両方を抱えると不快になって、どちらかを解消しようとするものなのです。

脳科学者の中野信子さんの本には、この「認知的不調和」を利用して「自分に嫌がらせをしてくる相手」を、「自分の味方」に変える方法が載っています。

それは、次のような方法です。

「**自分に嫌がらせをしてくる相手に、直接、その嫌がらせの内容についてのアドバイスを求める**」

たとえば、会社の会議で、なぜか、あなたの提案にだけ、嫌がらせのように必ずイチャモンをつけてくる上司っていませんか。

そんな上司には、会議のあとで、こう言えばよいのです。

「さっきの会議で私が出した提案について、ぜひ、アドバイスをいただけないでしょうか？」

これで、もし、何かしらのアドバイスがもらえたら、しめたもの。

その上司の脳では、「自分のアドバイスが役に立つことを期待する」「自分が授《さず》けた知恵を正解にしたい」という心理が働くために、あなたに嫌がらせをするモチベーションが下がってしまい、逆に味方になってくれるのです。

相手の脳を揺さぶって、相手を味方に変える魔法のひと言。

「アドバイスをいただけませんか？」

ぜひ、活用してみてください。

（参考『世界の「頭のいい人」がやっていることを1冊にまとめてみた』中野信子著　アスコム）

20 「文章が長い」と言われたときに効く、8つの解決法

つい、文章が長くなってしまう人がいます。

報告書や提案書を書いても、「文章が長ったらしくてわかりにくい」と不評。メールを送っても、文面の長さゆえ、最後まで読んでもらえない。

ビジネスだけでなく、ブログやメルマガを書いてもしかり……。

本人は「読んだ人のわかりやすさを考えて、丁寧に、内容にヌケやモレがないように」と意識して書いているのに、逆にそれがアダになっているのです。

私の本は、ほとんどが4～6頁くらいの文章をたくさん集めたものです。そんな本をたくさん出している経験から、すぐにできる**「文章を早く、短く、わかりやすく書くための8つの解決法」**についてお伝えしましょう。

まず、文を書き始める前に4つのことを決めましょう。

○文章を書く前に決めること① ストーリーの流れを決める

自分は文章がうまいと思っている人ほど、なにも用意せずにいきなり書き始めてしまいます。

でも、**「執筆時間の短縮」と「文章がおかしな方向に流れないようにするため」に、文章を書き始める前に、まず、ストーリーの流れを決めてしまいましょう。**

ストーリーの流れは、「出だしに何を書くか？」「中盤に何を書くか？」「締めに何を書くか？」などを、簡単に書き出して、それを順番に矢印で結ぶだけでオーケー。これをやるメリットは次の3つです。

❖これから書こうとしている文章の全体像が固まる
❖余計なことを書いたり、話が横道にそれたりするのを防げる
❖書き忘れがなくなる

○文章を書く前に決めること②　文章の長さ（文字数）を決める

文章が長くなってしまうクセがあるのであれば、**「あらかじめ文章の長さを決めてしまう」**という手があります。

報告書やブログなど、文字数に制限がないときも、自分で「最大でも1500字以内」などと上限を決めて書けばよいのです。

文字数の上限を決めると、最初のうちは苦痛でも、そのうち慣れてきます。ブログなどで、どう考えても決めた文字数で収まらないのであれば、2回に分けるなどして、短さを厳守しましょう。

○文章を書く前に決めること③　執筆時間を決める

かつて私は、会社に出社する前に、早朝のカフェでブログを書いていました。出社しなければならない時間が、自動的に原稿アップの締め切り時間になっていたわけです。

このように、「ブログは30分で書く」などと、**あらかじめ締め切り時間を決めれば、いやでも執筆時間が短くなるし、ダラダラ書いて文章が長くなることも避けら**

れて一石二鳥。

設定する執筆時間を意識して短くしていけば、書く速度がどんどん速くなります。

◯文章を書く前に決めること④　伝えたいことを1つに絞る

書き出す前に「この文章で何を伝えるか」を1つに絞りましょう。これが明確でないと、テーマがブレてしまって、文章が長くなる原因になります。

もちろん、伝えることの説得力を増すために、いくつも例を挙げるのはOK。もし、どうしても「ついでの情報」を入れたいときは、「ちなみに」として、数行に抑えてまとめるようにしましょう。

文章を短くする、4つのテクニック

続いて、書き始めてから使える、文章を短くするテクニックです。

○文章を短くするテクニック①　盛り上がり以外の部分は思い切ってハショる

全体の短さばかりを気にするとダイジェストのような文章になってしまうので、盛り上がり部分はしっかりと書きましょう。そのかわり、**その他の部分は大胆に情報をカットする。**そうすると短い文章でもメリハリがつきます。

○文章を短くするテクニック②　表現を短くする

もってまわった言い回しをしない。たとえば「もしかしたら、あなたにも思い当たる経験があるかもしれませんね」ではなく、「あなたにも経験があるはず」と簡潔に書く。

過去に自分が書いて、長ったらしくなってしまった文章を見て、短い表現に直す練習をしてみてください。面白いように短くなって驚くはずです。

○文章を短くするテクニック③　箇条書きをうまく使う

説明が長くなりそうなときは、箇条書きを使いましょう。たとえば、「手順は以下の通りです。⑴なになに　⑵なになに　⑶なになに」というようにする。

これは、「理由」や「メリット」を複数挙げるときにも使えるテクニックです（あなたが読んでいるこの文章でも今、箇条書きを使っています）。

○文章を短くするテクニック④　書いたあとで削る

書いているときにあまり余計なことは考えたくないという方は、**まずは好きに書いて、あとから読み直して短くしましょう。**最初は二度手間に感じますが、そのうち、最初からコンパクトで読みごたえのある文章が書けるようになります。

文章を早く、短く、わかりやすく書くための8つの解決法。いかがでしたでしょうか？

コムズカシイ文章術ではなく、なるべくすぐにできる解決策を並べてみました。ブログ、メール、報告書、日報、提案書など、文章を書く、あらゆる機会に生かしていただければ幸いです。

「へぇ～っとなって人に話したくなる話」

ブラックコーヒーとともに読みたい

21「わかりそうでわからない」名言穴埋めクイズ(日本編)

人生を賢く生きるうえで、おおいなるヒントになる、先人や有名人たちが残した名言。

そんな名言のなかから10個を厳選して、穴埋めクイズにしてみました。

あなたはいくつわかるでしょうか?

1人で楽しんでもよいですし、誰かに「答え」を先に見てもらって、あなたの回答が合っているかどうか判定してもらうと、あーでもない、こーでもないと楽しんでいただけます。

では、問題。次の名言の○○に入る言葉は何でしょう?

名言1　**「医の基本は○○にある」（北里柴三郎　医学者・細菌学者）**

ヒント　○○の部分は漢字2文字。医療だけでなく、あらゆることに活かせる考え方です。

名言2　**「プロはいかなるときでも、○○○をしない」（千代の富士　力士・第58代横綱）**

ヒント　平仮名なら4文字の言葉。この言葉を実行するのは、なかなか難しい……。

名言3　**「○○から縁が結ばれる」（松下幸之助　実業家）**

ヒント　漢字2文字の言葉。たしかに、成長する企業はこれを大切に扱っているように思います。

名言4　**「○○というものは1つできると、○○の上にまた○○がどんどん積み重なって、雪だるま式に大きくなるものである。だから、○○という階段を**

上がるだけで、カネはあとからついてくる」（本田宗一郎　実業家）

ヒント　すべて漢字2文字の同じ言葉です。

名言5　**「どんなに的確な批評の言葉より、『○○○○○』の一言のほうが励まされるし、やる気も出るものです」（星野源　俳優、シンガーソングライター、文筆家）**

ヒント　平仮名なら5文字。人からこう言われると、たしかに嬉しいかも。

名言6　**「『○○が定まっている人間は強い』というのが僕の信念です」（松山英樹　プロゴルファー）**

ヒント　○○の部分は、漢字2文字。松山選手はこの言葉を自ら証明しました。

名言7　**「○○な夢のほうが見失わない」（明石家さんま　お笑いタレント）**

ヒント　たしかに、こういう夢は見失わないでしょう。

名言8　「商売をするうえで重要なのは、競争しながらでも○○を守るということだ」（渋沢栄一　実業家）

ヒント　漢字2文字です。競争に勝つより大切なことは？

名言9　「○○にとらわれたくない」（大谷翔平　メジャーリーガー）

ヒント　メジャーリーグでピッチャーとバッターの両立、二刀流に挑戦している彼が、「とらわれたくない」と思っていること。簡単ですね。

名言10　「○○のことを好きになったらどんなこともできるよ」（渡辺直美　お笑いタレント・女優）

ヒント　漢字2文字。私も、すべての始まりは、これだと思っています。

【答え】

では、「役に立つ名言10選穴埋めクイズ」（日本編）の解答です。

名言1の答え「医の基本は（**予防**）にある」（北里柴三郎）

名言2の答え「プロはいかなるときでも、（**言い訳**）をしない」（千代の富士 力士・第58代横綱）

名言3の答え「（**苦情**）から縁が結ばれる」（松下幸之助 実業家）

名言4の答え「（**信用**）というものは1つできると、（**信用**）の上にまた（**信用**）がどんどん積み重なって、雪だるま式に大きくなるものである。だから、（**信用**）という階段を上がるだけで、カネはあとからついてくる」（本田宗一郎 実業家）

名言5の答え「どんなに的確な批評の言葉より、（『**おもしろい**』）の一言のほうが励まされるし、やる気も出るものです」（星野源 俳優、シンガーソングライター、文筆家）

名言6の答え　「『（**目標**）が定まっている人間は強い』というのが僕の信念です」（松山英樹　プロゴルファー）

名言7の答え　「（**大き**）な夢のほうが見失わない」（明石家さんま　お笑いタレント）

名言8の答え　「商売をする上で重要なのは、競争しながらでも（**道徳**）を守るということだ」（渋沢栄一　実業家）

名言9の答え　「（**常識**）にとらわれたくない」（大谷翔平　メジャーリーガー）

名言10の答え　「（**自分**）のことを好きになったらどんなこともできるよ」（渡辺直美　お笑いタレント・女優）

お疲れさまでした。穴埋めの部分を考えることで、名言がより印象に残ります。

22「わかりそうでわからない」名言穴埋めクイズ（海外編）

先人や有名人たちが残した名言の穴埋めクイズ。次は、海外編です。

では、問題。次の名言の○○に入る言葉は何でしょう？

名言1　**「○をバカにする人間から離れなさい。器の小さい人間ほどケチをつけたがる」**（**マーク・トウェイン　アメリカの作家**）

ヒント　○の部分は漢字1文字。あなたの周りにも、あなたのこれにケチをつける人、いると思います。

名言2　**「お金がないなら○○○を出せ」**（**マーク・ザッカーバーグ　実業家・フェ**

イスブック〈現メタ〉の創始者）
ヒント　カタカナ4文字。おっしゃるとおり、これならお金はなくても出せます。
名言3　「威張《いば》る男の人って、要するにまだ○○でないということよ」（オードリー・ヘップバーン　女優）
ヒント　漢字2文字。日頃、周りに威張り散らしている人には耳の痛い言葉。
名言4　「失敗は、成功を引き立たせるための○○○だ」（トルーマン・カポーティ　アメリカの作家）
ヒント　漢字3文字。どこの家庭にもある、あるものに例えています。
名言5　「明日死ぬかのごとく生きろ。永遠に生きるがごとく○○」（マハトマ・ガンジー　インド独立の父）
ヒント　平仮名なら3文字。こう考えて過ごせば、有意義な人生になりそうです。

名言6　**「夢をかなえる秘訣は、４つの『C』に集約される。それは、『好奇心（Curiosity）』『自信（Confidence）』『勇気（Courage）』そして『〇〇』である」（ウォルト・ディズニー　実業家・ディズニーランド創業者）**

ヒント　漢字2文字。英単語なら、もちろんCではじまる言葉です。

名言7　**「自分が〇〇する人間の意見だけを聞いてね。〇〇できない人間の意見は、あなたに対することだろうとなんだろうと無視するのよ」（レディー・ガガ　アメリカの歌手）**

ヒント　漢字2文字。批判されることが多い人は、こう考えると気がラクになるかもしれません。

名言8　**「〇〇〇〇〇をする暇があったら、解決策を探せ」（ヘンリー・フォード　自動車王と呼ばれたアメリカの実業家）**

ヒント　ひらがななら5文字。口を開けば、これぱっかり言う人、たまにいます。

名言9「1つの冷静な判断は、1000回の○○ほどの価値がある」（ウッドロウ・ウィルソン　第28代アメリカ大統領）

ヒント　漢字2文字。日本の会社はこれが多い。

名言10「計画のない目標は、ただの○○○○にすぎない」（サン＝テグジュペリ　フランスの作家）

ヒント　ひらがななら5文字。「いつかはやりたい」って言っているうちは、これでしかありません。

【答え】

では、「役に立つ名言10選穴埋めクイズ」（海外編）の解答です。

名言1の答え　「（夢）をバカにする人間から離れなさい。器の小さい人間ほどケチをつけたがる」（マーク・トウェイン　アメリカの作家）

名言2の答え 「お金がないなら（**アイデア**）を出せ」（マーク・ザッカーバーグ　実業家・フェイスブック〈現メタ〉の創始者）

名言3の答え 「威張《いば》る男の人って、要するにまだ（**一流**）でないということよ」（オードリー・ヘップバーン　女優）

名言4の答え 「失敗は、成功を引き立たせるための（**調味料**）だ」（トルーマン・カポーティ　アメリカの作家）

名言5の答え 「明日死ぬかのごとく生きろ。永遠に生きるがごとく（**学べ**）」（マハトマ・ガンジー　インド独立の父）

名言6の答え 「夢をかなえる秘訣は、4つの『C』に集約される。それは、『好奇心（Curiosity）』『自信（Confidence）』『勇気（Courage）』そして『（**継続〈Constancy〉**）』である」（ウォルト・ディズニー　実業家・ディズニーランド創業者）

名言7の答え　「自分が（**尊敬**）する人間の意見だけを聞いてね。（**尊敬**）できない人間の意見は、あなたに対することだろうとなんだろうと無視するのよ」（レディー・ガガ　アメリカの歌手）

名言8の答え　「（**荒さがし**）をする暇があったら、解決策を探せ」（ヘンリー・フォード　自動車王と呼ばれたアメリカの実業家）

名言9の答え　「1つの冷静な判断は、1000回の（**会議**）ほどの価値がある」（ウッドロウ・ウィルソン　第28代アメリカ大統領）

名言10の答え　「計画のない目標は、ただの（**願いごと**）にすぎない」（サン＝テグジュペリ　フランスの作家）

いかがでしたか？　1つでも人生のヒントにしていただければ幸いです。

23 Google社の入社面接から見えてくること

いきなりですが、クイズです。

問

あなたと隣人が同じ日に、まったく同じ不用品を家の前で売るとします。あなたがその品につけた値段は100ドル、隣人がつけた売値は40ドルでした。商品の諸条件はまったく同じだとして、値引きをすることなく、その品物を100ドルで売るにはどうしたらよいでしょう？

これは、なぞなぞではなく、真面目なクイズです。答えは、とても現実的。

なぜって、実はこれ、過去にGoogle社の入社面接で実際に出題されたものなのです。

「えっ？　こんな質問が面接で？」って思いましたか。

それとも、**「さすがにGoogle社、ユニークな質問をする」**って思ったでしょうか。

でも、こうしたユニークな質問は、何もGoogle社の入社面接にかぎった話ではないのです。

海外の一流企業の入社面接や、一流大学の受験問題には、しばしば、このような「実際に起こり得る場面の解決策」を考えさせるものが出題されています。

なかには、まるで推理クイズのようなものや、とんち、パズルのような問題も。

つまり、**海外の一流企業や一流大学は、名探偵コナンや一休さんのような人材を求めている**のです。

インターネットで、どんなことでも瞬時に調べられるようになった現代、幅広く一般常識を知っているだけの人は必要ありません。求められるのは、**「AIがたどりつけない発想力や課題の突破力を持った人材」**なのです。

さて、冒頭のクイズに戻りましょう。

問

あなたと隣人が同じ日に、まったく同じ不用品を家の前で売るとします。あなたがその品につけた値段は100ドル、隣人がつけた売値は40ドルでした。商品の諸条件はまったく同じだとして、値引きをすることなく、その品物を100ドルで売るにはどうしたらよいでしょう？

普通なら、隣人よりも安い値段で売ればよさそうです。でも、現実世界では、それはただの価格競争でしかないし、そもそも、出題のなかで「値引きをすることなく」と値引きは禁止されてしまっています。

では、いったい、どうしたらよいのでしょう？

私は、この問題を知ったとき、**「自分の商品に魅力的なオマケをつける」**という答えを考えました。たとえば、その不用品に商店街の値引き券をつけたり、有名人のサインを添えたりすれば、たとえ、すぐ隣で同じ品物を40ドルで売っていても、こっちの品を買ってもらえるのでは。

自信満々に答えを見ると、**ものの見事に不正解でした（笑）。**

考えてみれば、おまけをつけるのは、「商品の諸条件はまったく同じだとしても……」という部分に違反しているのかもしれません。

●実社会でも使える「答え」とは

Google社が用意していた解答は、この品物にオマケや付加価値をつけることなく、100ドルで売ることができる方法でした。

では、そろそろGoogle社が用意していた答えを紹介しましょう。

Google社が用意していた答えはこちら。


「隣人の商品を40ドルで買ってから、自分の品物を100ドルで売る」

なるほど。これなら隣にはもう同じ商品は存在しませんから、堂々と100ドルで売ることができます。

「売り手」である自分が、必要に応じて「買い手」に変わるというところが発想の飛躍ですね。

それに、隣人から買った品と、もともと自分が用意していた品の両方を100ドルで売ることができれば、隣人から40ドルで買ったとしても、160ドルも儲けることができます。

実社会でも、大手企業が中小企業の市場に参入するときに、**中小が売る商品を買い占めてしまい、中小が商売をできなくなったところで市場を独占して、定価で売る**なんていうこと、ありますよね。

あるいは、**大手が市場に参入してすぐに思い切った安売りをして、中小のお客を奪ってしまい、中小が市場撤退したあとで、定価売りに切りかえる**ことだってあるでしょう。

答えは、ちゃんと実際の市場での戦略に応用できるものになっていたのです。

ちなみに、こうしたクイズのような面接の質問には、必ずしも明確な解決策があるわけではありません。

たとえば、YouTube社では、**「魚のいない海で魚を釣り上げる方法は？」**という質問に対して、**「魚がいないことがわかっているなら、無駄な時間をかけずにすぐに諦める」**との回答を正解にしていることもあったそうです。

こうした質問。日本人なら、頭が凝り固まった大人より、最近の「謎解き」ブームで鍛えられた子どもたちのほうが強そうです。

今はまだ、日本の企業は、面接で、「学生時代に頑張ってきたことは？」とか「あなたの長所は？」なんて聞いていますが、**今後は、入社希望者の発想力を問う質問が増えてくるのかもしれません。**

24 国民的漫画『サザエさん』、雑学クイズ10選

誰もが認める国民的漫画『**サザエさん**』の雑学クイズです。テレビアニメを毎週のように見ていても、ちょっとわからない問題をそろえてみました。3択クイズもありますので、ぜひ、チャレンジしてみてください。

問1　サザエさんがまだ独身で、福岡にいた頃の大親友の名前は何でしょう?

【1】イカコさん　【2】タコミさん　【3】ウニエさん

問2　デパートの食堂でお見合いをしたサザエさんとマスオさん。さて、2人がその場で結婚を決めた理由は?

問3　マスオさんとの婚約時代。東京に出てきたサザエさんが、いっとき働いたのは、どんな仕事だったでしょう？

【1】デパートの店員　【2】出版社の記者　【3】神社の巫女さん

問4　マスオさんは二浪して早稲田大学に入りました。さて、大学時代に入っていたクラブ活動は何部だったでしょう？

問5　マスオさんの意外な特技は？

【1】バク転　【2】けん玉　【3】ローラースケート

問6　テレビアニメの『サザエさん』、第1話のタイトルは「75点の天才！」。では、第2話のタイトルは何でしょう？

【1】「押売りよこんにちは!!」　【2】「お父さんはノイローゼ」　【3】「ちょっと一言多かった!!」

問7　お彼岸に殿様の前でおはぎを38個もたいらげたというエピソードを持つ、磯野家のご先祖様の名前は何でしょう？

問8　下の名前を「金太郎」という登場人物は誰でしょう？

【1】穴子さん　【2】裏のおじいちゃん　【3】花沢さんのお父さん

問9　サザエさん一家は、たまに旅行に出かけます。次のうち、まだ行ったことがないのはどこでしょう？

【1】ハワイ　【2】ニューヨーク　【3】ロサンゼルス

問10　長谷川町子さん自身による、サザエさん一家の10年後を描いた一コマ漫画に登場している、タラちゃんの妹の名前は何でしょう？

【1】ヒトデちゃん　【2】サンゴちゃん　【3】ナマコちゃん

お疲れさまでした！　それでは、答えと解説です。

問1↓正解【1】イカコさん
おしゃれで行動的なイカコさん。サザエさんからは「**イカちゃん**」なんて呼ばれていました。

問2↓正解　周りからジロジロ見られて恥ずかしかったから
福岡の井筒屋デパートの食堂でお見合いをした2人。周りの視線に耐えられず、「**きまりが悪い、早いとこ決めちゃいま〜す**」「**ボクもで〜す**」と、あっさりと結婚を決めました。

問3↓正解【2】出版社の記者
ハロー社という出版社で、取材をしたり、作家の原稿を取りに行ったりしていました。このとき、**なんと作家の菊池寛を接待する場面もありました。**

問4↓正解　野球部

もちろん補欠でした（笑）。

問5　↓正解【1】バク転

フライパンでホットケーキを焼きながらバク転（正確にはバク宙）をして、みんなを驚かせるシーンがあります。もう1つの特技は、まんじゅうの中身当て。

問6　↓正解【1】「押売りよこんにちは!!」

「お父さんはノイローゼ」は第3話、「ちょっと一言多かった!!」は第4話のタイトルです。スタート時の『サザエさん』は、ほぼドタバタギャグアニメでした。

問7　↓正解　磯野藻屑《いそのもくず》　源素太皆《みなもとのすたみな》

このご先祖様、浪平の夢まくらに立って、「供え物が年々、貧弱になっとるぞ」なんて訴えたりします。怖！

問8　↓正解【3】花沢さんのお父さん

花沢さんのお父さんの名前は、**花沢金太郎**といいます。ちなみに穴子さんの下の名前と、裏のおじいちゃんの名前は設定されていないため不明。

問9↓正解【2】ニューヨーク

ハワイには「**ドーンと一家でハワイ旅行**」（1998年放送）、ロサンゼルスには「**カツオ、夢のメジャーリーグ**」（2019年放送）という回で訪れています。

問10↓正解【1】ヒトデちゃん

漫画読本創刊号（1954年　文藝春秋社）に掲載された1コマ漫画、「サザエさん一家の未来予想図」のなかに、おかっぱ頭の小さな女の子が登場していて、ちょびヒゲを生やしたマスオさんが、「これヒトデ　あぶないよ」と声をかけています。

さあ、何問正解できましたか？

余談ですが、長寿アニメにおいて、「（季節など）時間の経過の概念はあるが、登場人物が年を取らない設定」のことを「**サザエさん時空**」と呼ぶそうです。

25 国民的漫画『ドラえもん』、雑学クイズ10選

さて、『サザエさん』の次は、これも日本を代表する漫画、『ドラえもん』雑学クイズです。

難問10問、さっそくトライ！

問1　ドラえもんの誕生日は西暦2112年9月3日。さて、ドラえもんが製造されたロボット工場の名前は何でしょう？

問2　のび太の両親、お父さんの名前はのび助、では、お母さんの名前は何でしょう？

問3　しずかちゃんはよくピアノの発表会に出ていますが、「ジャイアンの歌といい勝負」と言われるくらいヘタクソな楽器は何でしょう？

問4　実は愛犬家のジャイアン。さて、飼っている犬の名前は何でしょう？

問5　スネ夫には、叔父さんの養子になっているニューヨーク在住の弟がいます。さて、その名前は何でしょう？

問6　ドラえもんの好物は、もちろん「どら焼き」。では、妹のドラミちゃんが大好きな食べ物は何でしょう？

問7　ドラえもんのひみつ道具で、モノを小さくできるのはスモールライト。では、それをくぐらせることで、モノを大きくしたり小さくしたりできる道具は「何トンネル」でしょう？

問8　自他ともに認めるのび太が得意なことは3つ。昼寝（寝つきのよさ）と、射撃と、あと1つは何でしょう？

問9　ジャイアンの妹のジャイ子は漫画家を目指しています。さて、彼女が漫画を描くときのペンネームは何でしょう？

問10　しずかちゃんは、将来、のび太と結婚することになっていますが、のび太と結婚することを決めた理由について何と言っているでしょう？

お疲れさまでした！　それでは、答えと解説です。

問1　↓正解　トーキョーマッシバロボット工場

ちなみに型番は『R-01 FR001-MKII』。検査の結果、不良品と判断されて、お値段は特価で20万円でした。買います！

問2　↓正解　玉子《たまこ》

玉子さんの旧姓は**片岡**。また、のび太が生まれる前に亡くなった、のび太のおじいさんの名前は、**野比のびる**といいます。

問3　↓正解　バイオリン

偶然ですが、『サザエさん』に出てくる**マスオさんもバイオリンがヘタクソ**です。

問4　↓正解　ムク

ペットとして、チルチル、アンナ、エカテリーナなど、**血統書つきのネコをたくさん飼っているのはスネ夫。しずかちゃんはカナリアを飼っています。**

問5　↓正解　スネッグ

兄と違って（笑）**とても素直な性格**で、お兄さんのスネ夫を尊敬しています。

問6　↓正解　メロンパン

ドラミちゃんの身長はちょうど100センチ。身長129・3センチのドラえもんより29・3センチ低いということになります。

問7 ↓正解 ガリバートンネル

スモールライトは自由な大きさに小さくできますが、ガリバートンネルは縮小拡大の比率が決まっているので、**大きさの指定ができない道具**です。

問8 ↓正解 あやとり

あやとりでは、3か月かけてあみ出したという「**ギャラクシー**」。ひと晩寝ないで考えた「**ほうき星**」。「**銀河**」「**おどるチョウ**」など、数々の技を持っています。

問9 ↓正解 クリスチーネ剛田

クリスチーネ剛田の代表作は、『**愛フォルテシモ**』『**虹のビオレッタ**』など。

問10 ↓正解 「そばについててあげないと、あぶなくて見てられないから」

のちに、のび太としずかちゃんの間に生まれる子どもの名前は**ノビスケ**。**なぜか、読み方だけは、のび太のお父さんと同じ名前**なのです。

さあ、何問正解できましたか？　ドラえもんの大ファンにとっては全問正解できるレベルだったかもしれませんね。

ドラえもんが小学館の学習雑誌に初登場したのは1969年のこと。もう半世紀以上にわたって、各世代の子どもたちに（大人にも）愛され続けているわけです。

作者の藤子・F・不二雄さんが1996年にお亡くなりになったあともテレビアニメや映画が作られ続けているのは、長年にわたって『ドラえもん』に携わってきたスタッフたちが、藤子先生の遺志を継いで、制作を引き継いでいるからです。

作者が亡くなっても、テレビアニメが続いている例としては、前述の『サザエさん』のほか、『ちびまる子ちゃん』『クレヨンしんちゃん』などもそうですね。

名作漫画のキャラクターたちは、ファンに愛され、番組制作スタッフの支えによって、**「永遠の命」を得て生き続けている**のです。

26 家電や衣料品のお店で「デキる店員」を簡単に見分ける方法

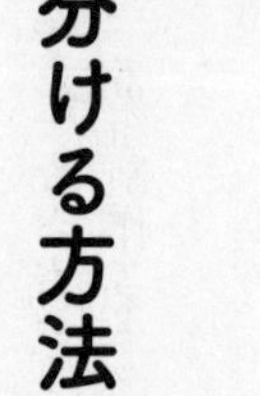

家電量販店や衣料品のお店で、何を質問してもしどろもどろで、的確なアドバイスもしてくれないような「デキない店員」にあたってしまったことはありませんか？

せっかくこっちが買う気満々で質問しているのに、商品についての知識が乏しくて、何を聞いてもいちいち「確認してまいります」なんて言って、「デキる店員」に聞きにいく……。

そんな店員にあたってしまったら、時間のムダですし、「本当にこの商品で正解だったのかしら」なんて、買ったあとで後悔しそう。

そこで、知人の物売りのスペシャリストに聞いた「**家電量販店や衣料品のお店で、デキる店員を簡単に見分ける方法**」を紹介いたします。

まず、デキる店員とは反対の、デキない店員……というか、「売れない店員」の特徴とは、どんなものなのでしょう。

店内の販売でダントツの売上を誇るスペシャリストによると、売れない店員は、**「お客様がまだ買う気になっていないのに、不用意に売り込みを始めてしまうのが特徴」**とのこと。

売れない店員は、お客が「どれにしようかな」と商品を物色している最中に声をかけてしまって、お客の居心地を悪くしてしまうのですね。

カリスマ販売員いわく。

「売れる店員は、お客様が商品を自分で選んでいるときには、決して声をかけない」

そもそも、**売れる店員は、お客様の目を見て、「買う気になった瞬間を見定める」**そうです。**「買う気になったお客様は、目の瞳孔が開くから、それを見逃さない」**のだと。

私にはわかりませんが、売れる販売員の方には、お客様の目の瞳孔が開くのが読みとれるそうなんです。だから、**お店に入ってきたお客様の顔を見れば、「買うつもり」か「冷やかし」かも、一目瞭然**なのだとか。

お客様の目を見て、買う気になったのを見計らって声をかけてもよいのですが、さらに一流の販売員は、それでもまだ、お客に声をかけないといいます。

では、どうするのかというと、**お客様が声をかけやすい距離を取って、お客様に背中を向けて棚の整理をするフリをする**のだとか。

そうです。

「自分からは声をかけず、お客様から声をかけてくるのを待つ」のです。

こうすることで、店員のほうから声をかけるより、**お客様は「自分から行動を起こした」という気持ちが働いて、余計に買う気が増す**のだとか。

つまり、**「本当にデキる店員」は、「自分が買う気になったとき、振り返ると、自分に背中を向けて棚の整理をしている店員」**ということになります。

これ、知っていて意識していると、なかなか面白い。

店内で商品を選び終わって振り向くと、結構な確率で商品棚を整理している店員さんがいて、そういう店員を見ると「おぬし、デキるな」なんて思ってしまいます。

逆に、自分が買う気になっているのに、ヒマそうにしている店員が、それにまったく気がつかないようなお店は、デキる店員がいない店ということになりますね。

ついでにもう1つ。

デキる店員は、お客様の信頼を得るために、商品のメリットだけでなく**デメリットもしっかりと説明する**そうです。

「この商品は少し電気代が高くなるのが唯一の欠点です。もし、電気代を気にされるなら、○○の機能はついていませんが、あちらの商品がおススメです」

こちらが聞いてもいないのに、そんな説明をしてくる店員がいたら、それは間違いなく「デキる店員」です。

今度、家電量販店や衣料品のお店に行ったときは、ぜひ、意識してみてください。

27 なぜか圧倒的に売れるマトリョーシカの秘密

マトリョーシカってご存知ですか？

ダルマ型でカラフルなデザインのロシアの民芸品の人形です。

胴体の真ん中あたりが開くようになっていて、なかに少し小さい同じ形の人形が入っている。それを開けると、また、もう少し小さい人形が入っていて、それを開けるとまた同じ形の人形が……というアレです。

これは、「なぜか圧倒的に売れるマトリョーシカの秘密」というお話。

日本にある、某ロシア民芸品店でのこと。

そこでは、たくさんの種類のマトリョーシカを売っています。色もデザインもいろいろなものがあるので、お客さんは好みのものを買っていきます。

ところが、そのお店では、**あるマトリョーシカだけがダントツでよく売れるのだそうです。**

一見、ほかのマトリョーシカと比べても、大きな違いはありません。

デザインが抜群に優れているわけでもない。

有名なデザイナーが特別にデザインしたものでもありません。

人気漫画とのコラボもなければ、何かの映画に登場したということもなし。

大きさに比べて格安だとか、魅力的なおまけがついているなんてこともなし。

さて、あなたには、このマトリョーシカだけがよく売れる理由がわかりますか？

では、ここで、マトリョーシカを買いにきたお客さんが、このマトリョーシカを選ぶ場面を、店員との会話で再現してみましょう。

お客「えーと、マトリョーシカってありますか？」

店員「いらっしゃいませ、こちらにそろっています」

お客「いろいろなマトリョーシカがあるんですね」

店員「どうぞ、お好きなものを」
お客「人気のマトリョーシカってあるんですか？」
店員「それでしたら、このマトリョーシカがよく売れていますね」
お客「えっ、これですが？　見たところ普通のマトリョーシカに見えますが……」
店員「一見はそうですよね。でも、この店で圧倒的に売上ナンバー1のマトリョーシカなんです」
お客「不思議だな〜、どうしてこのマトリョーシカだけそんなに売れるんですか？」
店員「実は、このマトリョーシカ、ロシアで最初につくられた、『元祖マトリョーシカ』と言われているものと同じデザインなんです」
お客「えーーっ、そうなんですね！　じゃあ、それいただけますか」

いかがですか？
それまで、何の変哲もない……というより、ちょっと古くさいデザインにしか見えなかったマトリョーシカが、**実は「元祖マトリョーシカと同じデザイン」**だと知

った途端、急に「付加価値があるもの」に変わる↓欲しくなる、というわけです。

この消費者の行動は、次のたったひと言で説明できます。

「消費者は、『物語がある商品』に強く惹かれる」

ある程度の「よいモノ」が、格安であふれかえる現代。そこそこの品質でオーケーなら、驚くほど安く、しかも簡単に望む品が手に入ります。

そんな状況下で、多くの人は一部のハイブランド以外、モノ自体には、それほどの興味を示さなくなってしまいました。

では、何に興味を示すかというと……「物語」なんですね。

売りたいものがあったら、それに物語を付加してみる。

営業なら、お客様に対して、たとえば、**「自分が扱っている商品が開発されるまでの秘話」**を提供する……とか。

「この商品、テレビ番組の○○ランキングで、辛口の料理人たちから絶賛されて第1位にランクインしたんです」「俳優の○○さんが、生前、いつも、差し入れ用に大量に買ってくれていました」だって、立派な「物語」ではないでしょうか。

28「物語」の持つ効果を体験

1つ前の項で「物語の持つ効果」についてお話をしましたが、私自身が、その効果を体験して驚いたという話です。

私に物語の持つ効果を教えてくれたもの。

それは、私のデビュー本、『壁を越えられないときに教えてくれる一流の人のすごい考え方』（アスコム刊）です。

この本、発売は2012年9月。それが、発売後9年を経た2021年の夏。突然に再ブレイクしたのです。

理由は簡単。

「メジャーリーグで大活躍している大谷選手が、日本ハムに入団したとき、初めて

のプロキャンプに持ち込んだ、たった1冊の本」という「物語」が伝わることによって、突然、消費者の購買意欲に火をつけたのでした。

この本にそういうエピソードがあることは、すでに私の本（『明日をちょっぴりがんばれる48の物語』青春出版社）のなかやSNSでも自慢……ではなく、報告していたのですが、この少し前に、ネットニュースの記事として取り上げられたことで、多くの方にその「物語」が伝わり、再ブレイクにつながったというわけです。

ちなみに、執筆当時、まだ普通の会社員だった私の本がどうして大谷選手の手にわたったのか。

それは、この本を読んでくださった女性スポーツライターの方が、日ハムのキャンプに参加する直前の大谷選手に、「面白い本があるよ、読んでみたら」と言って渡してくださったおかげなのです。

それだけでは記事にならなかったのでしょうが、たぶん、その本のことが偶然、「大物ルーキー大谷」のキャンプ入りの記事を書こうとしていた新聞記者の目にとまったのでしょうね。

2013年1月31日の『スポーツ報知』に記事がデカデカと掲載されたのです。

記事の大タイトルは、『**イチロー　ドクター中松　矢沢永吉　赤塚不二夫　夏目漱石　江頭2：50　から学び　大谷超一流**』。

小タイトルは、『**考え方紹介の本持ち込む　きょう沖縄入り**』。

そして中身は……。

《**日本ハムのドラフト1位・大谷翔平投手（18）＝花巻東＝が〝一流イズム〟を取り入れ、超一流への道を歩む。キャンプ地・沖縄入りを翌日に控えた30日、必須アイテムとして単行本『壁を越えられないときに教えてくれる一流の人のすごい考え方』（西沢泰生著、アスコム）＝写真＝を持ち込む考えを明かした。**》

という出だし。

記事中には、大谷選手の言葉も載っていて、「**1冊、持っていきます。一流の人の本です。あっちで読みたいです**」と。

記事は、「**キャンプ中での自由時間に読むつもりで、一流を目指す黄金ルーキーが、偉人の教えを学び取る考えだ**」と結ばれ、本の表紙もバッチリ掲載！

この新聞記事が出た日は、午前中から、ネットでの売れ筋本ランキングの順位がドーンと跳ね上がり、驚かされたものです。

そして、2021年夏の9年ぶりの再ブレイクは。ネットニュースが出た翌日の朝にはアマゾンランキングで総合二ケタまで跳ね上がり、まさに、『スポーツ報知』掲載時を思い出させてくれました。

本の中身は、発売したときから変わっていないのに、「物語」の持つパワー、恐るべしです。

それにしても、いくら「黄金ルーキー」と呼ばれていたとはいえ、メジャーリーグのファンたちが熱狂し、オールスターゲームに史上初めて二刀流で出場。そして、ホームラン王争いをするほどの大選手になろうとは……。

新聞記事が出た当時の私は、「大谷選手、ぜひ頑張ってプロ野球で活躍してほしい！」なんて、本気で応援していました。今となっては、懐かしくも恥ずかしい思い出です。

29 使うだけで「この人、教養があるな」と思われる言葉

人と話をしているとき、相手が的確なところで「ちょっとムズカシイ言葉」を使いこなしているのを見ると、「オヌシ、やるな」って思います。

とくに、若い人が会話のなかにサラリと故事成語に由来する言葉を入れていたりすると、それだけで、相手から一目を置かれることも……。

そんな、使うだけで、相手の「あなたを見る目」が変わるかもしれない言葉。なかでも、年配の方のウケがよさそうな言葉を2つ紹介します。

クイズ形式にしましたので、ぜひ挑戦しがてら覚えて使ってみてください。

さっそく、1つ目です。

「今日は、思いがけず謦咳《けいがい》に接することができて光栄でした」

【問題】この「謦咳」とは、なんのことでしょうか？

これはたとえば、あなたがとても尊敬している、あるいは雲の上の人だと思っているような人と直接に会うことができたときに使うとよい言葉です。

そこまでの相手でなくても、**普段はなかなか会う機会がない自分の会社の社長や、取引先の偉い方と商談などで話をするときなどに使ってもよいでしょう。**

商談が終わって、帰り際に「本日はありがとうございました。●●専務の謦咳に接することができ感動いたしました」なんて言うと、「おっ」って思っていただけると思います。

では、そろそろ答えです。

【答え】謦咳とは、「せき払い」のことです。つまり、「謦咳に接する」とは、「相手のせき払いが聞こえるくらいの距離で直接に会う」ということ。転じて、「尊敬する人の話を身近に聞く」「お目にかかる」という意味で使います。「謦咳に触れる」とも言います。

続いてもう1つ。

「今回は契約を結んでいただき、営業所一同、随喜《ずいき》の涙を流しております」

【問題】この「随喜の涙」とは、どんな感情をあらわす涙のことでしょうか？

この「随喜」とは、もともとは仏教語です。

本来の意味は**「他人の善行（よい行い）を見て、歓喜の心を生じる」「寺院に参拝する」「僧が仏事に参加する」**など。そこから転じて、この「随喜の涙」という慣用句が使われるようになったといいます。

では、そろそろ答えです。

【答え】随喜の涙とは、「心からありがたく思って流す涙」「喜びのあまり流す涙」のことです。簡単に言えば「うれし涙」ですね。

ですから、ビジネスの場で、契約担当者が英断で大口の契約を結んでくれたときや、ライバル会社のオイシイ提案ではなく、自社からの提案を選んでくれたときなどに使うのがビンゴです。

企業の契約担当者ともなれば、たぶん、この言葉をご存知のはず。

ただし、ちょっと大げさな表現なので、食事をおごってくれたくらいで、「先輩、ありがとうございます。もう、随喜の涙です」なんて言うと、ちょっと皮肉っぽく聞こえてしまうので注意です。あと、間違っても「悔し涙」という意味で御用しないでくださいね。

最近は、ビジネスの場で「ナンタラカンタラ」とか、すぐに横文字を使う人ばかりになりました。ちなみに、そういう人に、**「そのナンタラカンタラって、日本語で言うとどういう意味？」**って聞くと、うまく説明できないこともしばしば。

この横文字言葉。安易に年配の方に対して使うと、相手はそれだけで気分を害することがありますからご注意を。

横文字を使う若者たちのなかで1人だけ、「謦咳に接して」や「随喜の涙です」などという言葉を使えば、それだけで目立つことができる！……かもしれません。

30 人間関係に悩んだとき、ミスしたときに思い出したい名言

会社に勤めていて、いちばんの悩みはたぶん人間関係。そして、いちばん落ち込むのはミスをしてしまったときではないでしょうか。

そこで、**ビジネスの世界でカリスマと呼ばれる経営者たちの名言のなかから、この2つに関する名言をセレクトしてみました。**

まずは、人間関係で悩まないための名言を3つ。

「一緒に働く人たちを好きになることは本当に重要だ。そうでなければ、人生と仕事はひどく悲惨なものになるだろう」（イーロン・マスク　アメリカの実業家　テスラとスペースXのCEO）

人間関係を円滑にするための基本は、相手を認めて好きになることです。

厳しい先輩も、**「自分を育ててくれようとしている」**と考える。余裕のない上司だって、**「中間管理職で上からも下からも責められてたいへんだろうな」**くらいに考えて、**「ウソでも好きになる」**ようにすれば、人間関係で無駄に悩まなくて済みます。

「誠実さが、聞き手と話し手を結びつける」（稲盛和夫　京セラ、ＫＤＤＩ創業者）

人間関係において大切なのは、相手に対する誠実さです。**とくに若手社員のうちは、「素直さが武器」**だと思いましょう。自分の意見を主張するのは、入社した会社の仕事について、もう少し理解が深まってからでも遅くはありません。

ときには、上司から無理な仕事を振られて頭にくることもあるかもしれません。そんなときは、次の名言を思い出してみてはいかがでしょう。

「怒るのは自分の知恵の足りなさを認めるようなものです」（孫正義　ソフトバンクグループの創業者）

無理な仕事を振られたときこそ、知恵を使って、一見、楽勝のようにこなすことができれば、周りの先輩も上司も「おっ、コイツ、やるな」って思ってくれます。

続いて、ミスしたときに思い出したい名言を3つほど。

「間違えたとき、虚勢をはりますか？　それとも素直に謝りますか？」（ジェフ・ベゾス　アメリカの実業家・アマゾンの共同創設者）

仕事にミスはつきものです。大切なのは、ミスをしたときに、ヘタに言い訳しないこと。そして、もう1つ、ミスしたときに大切なのは……。

「成功を祝うのはいいが、もっと大切なのは失敗から学ぶことだ」（ビル・ゲイツ　アメリカの実業家・マイクロソフト社の共同創業者）

この姿勢がないと、同じミスを繰り返してしまいます。仕事で同じ失敗を繰り返していると、誰からも相手にされなくなります。

もちろん、失敗を恐れるあまり仕事が遅くなってはいけません。

「完璧であることより、まず終わらせることが重要だ」（マーク・ザッカーバーグ　アメリカの実業家・フェイスブック〈現メタ〉の発明者）

仕事は「スピード」が勝負というお話は、別の項ですでにお話をしましたよね。

カリスマ経営者たちの名言をぜひ、人生の羅針盤として役立ててください。

「おお～っとなって驚く話」

エスプレッソ
とともに読みたい

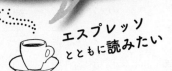

31 松下幸之助と蛭《えび》子《す》能《よし》収《かず》、2人の運命を変えた「意外な共通点」？

パナソニック株式会社の創業者であり、「経営の神様」と呼ばれる実業家の松下幸之助さん。

そして、本業よりも、タレント業のほうで人気になった漫画家の蛭子能収さん。

かたや、伝説的な大経営者、かたや、ギャンブル好きのマイナー漫画家。

一見、正反対な2人ですが、実は、意外な共通点があるのをご存知でしょうか？

それは、若き日に、「ある行動」をとったことなのです。


それではまず、松下幸之助さんから。

松下さんは、父親の事業の失敗によって、9歳のときに小学校を中退して奉公《ほうこう》に出たそうです。

それは、2軒目の奉公先である自転車屋さんで働いていたある日のこと。

15歳になっていた松下少年は、配達の途中で、大阪にできたばかりの路面電車を目撃して、衝撃を受けました。

「これからは電気の時代になる！」と確信したのです。

その日以来、路面電車を見るたびに「電気にかかわる仕事がしたい！」という思いが高まっていきます。

しかし、自分の立場は、自転車屋で働く奉公人。恩義がある自転車屋さんに対して「辞める」とは言い出しにくい。

考えに考えた末、松下少年がとった行動。それは……。

人に頼んで、自分宛てに「ハハ、ビョウキ」というニセの電報を打ってもらった！

この電報を奉公先の主人に見せて、自転車屋さんからの脱出に成功。そのまま、大阪電灯という会社（現関西電力）に就職してしまったのです。

のちに、自転車屋さんのご主人に、お詫びと「奉公を辞めたい」という内容の手紙を送っていますが、それにしてもすごい行動力。

その後は、自分が開発した電気のソケットを会社がまったく評価してくれなかったため、21歳のときに退職して独立。「世界の松下」への道を歩むことに。


続いて、蛭子能収さん。

蛭子さんは、故郷、長崎県の商業高校を卒業後、看板屋さんに就職しました。高校で、美術部に所属し、グラフィックデザインを勉強していましたから、その知識を活かせると考えたのかもしれません。

しかし、実際には、就職してから2、3日もすると、看板屋さんの仕事が嫌になったそうです。

看板屋さんは、社長と蛭子さんの2人だけ。蛭子さんの主な仕事は、看板の枠《わく》を作ったり、トタンを張ったり、そのトタンに白ペンキを塗り、はしごを使って看板を取りつけたり。5年間働いたものの、文字すら書かせてもらえません。

蛭子さんの心のなかでは、「東京に出て、グラフィックデザイナーか、映画監督か、漫画家になりたい」という思いが、日々、募っていったのです。

そんなある日のこと。大阪で万国博覧会が開催されることを知った蛭子さん。看板屋の社長にこう言います。


「万博を見たいので休みを取りたいのですが……」


気のよい社長は「そうか、それはいいことだよ。5日間くらい休みを取ってゆっくり見てきなさい」と言ってくれました。

しかし、実はこの蛭子さんのお願いは、東京に行くための真っ赤なウソ。まんまと仕事を休むことに成功した蛭子さん。看板屋へ戻ることはなく、そのまま、上京してしまったのです。

東京に出てからは、アルバイト漬けの日々でしたが、27歳のときに出版社に持っていった漫画が「入選」。それをきっかけに漫画家としてデビューを果たしたのでした。

若き日の2人に共通した「行動」とは？

松下幸之助さんと蛭子能収さん。この2人の意外な共通点。それは……。

自分の夢を追いかけるために、ウソまでついて現状を打破したこと！

蛭子さんに至っては、「自分が東京へ行くと、母親がひとり暮らしになってしまうこと」が気がかりでしたが、「**ごめん母ちゃん。俺、どうしても東京に行きたいんだ。行ったらもう長崎には帰ってこないけど、この決心は変わらない。母ちゃんは家にひとりになってしまうけど許してね**」と伝えたそうです。

母親はすべてを許してくれましたが、ずいぶんと良心の呵責《かしゃく》があったと言います。

何かやってみたいことがあるのに、現状がそれを許さないとき。

自分を捕らえて離さない檻《おり》を壊すためなら、多少のウソは「あり」なのではないでしょうか？

それはもう、ウソではなく、自分の道の第一歩を踏み出すための「方便」です。

その「方便」が、たとえ、自分を信じてくれている人を、一時的に裏切ることになっても、良心の呵責があったとしても、**自分の人生にウソをつき続けるよりはいいのではないか**と思うのです。

最後に、蛭子さんの名言。

「看板屋の主人には迷惑をかけたけど、小さな迷惑なら一生に5回くらいはよいと思っている」

5回という回数はともかく、**「他人に気を使って、自分のやりたいことを封印してしまう」ことを考えれば、おおいに共感できる**と思うのですが、いかがでしょう？

（参考『一冊でわかる！　松下幸之助』PHP総合研究所編著　PHP研究所／
『松下幸之助　その凄い！　経営　完全版』中島孝志著　ゴマブックス／
『おぼえていても、いなくても』蛭子能収著　毎日新聞出版）

32 採用担当者全員に「どうしても欲しい!」と思わせた言葉

以前に、企業の新卒採用の担当者と話をしたときのことです。

そのご担当者いわく、「**最近の学生の多くは、就活に関するネットの記事を読んで採用面接に臨んでくるため、質問に対して、皆が同じような模範的解答をしてくる**」のだとか。

そこで、「今までに面接をした学生のなかで、「これは!」と思った学生はいましたか?」と聞いてみました。

以下は、そのときの会話です。

「1人だけ、とても印象的なことを言った学生がいました。そのときは、面接官全員が、**『あの学生はいいね。欲しいね！』**と意見が一致しました」

「えっ、1人だけ！　その学生は採用面接でどんなことを言ったんですか？」

「ひととおりの質疑応答を終えたところで、その学生が、『1つだけよろしいでしょうか』と発言の許可を求めてきました。それで、許可すると、堂々とした態度でこう言ったんです。『私は近い将来、起業を考えています！　ですので、もし採用していただいても、申し訳ありませんが3年で辞めさせていただく予定です！』」

「えーっ、採用面接で、そんなことを⁉」

「そうです。いや〜、印象に残りましたね。ぜひ、欲しいと思いました」

「『一生を御社に捧《ささ》げるつもりです』という学生よりも、『3年で辞める』と宣言する学生のほうが欲しいですか？」

「そこまで強い意志を持って、自分の将来にしっかりと目を向けているなんて、頼もしいじゃないですか。たとえ3年でも、社内にいい風を吹かせてくれそうな気がしました」

「なるほど、それで、採用したんですか？」

「いや、合格の打診はしたんですが、ほかの会社にとられてしまいました」

最初は驚きましたが、考えてみれば、たしかに採用担当者の言うとおりかもしれません。

たった3年後には、会社を辞めて起業するのだと決めていたら、会社での3年のうちに、猛烈な勢いで仕事のなんたるかを覚え、リーダーシップも発揮してくれそうです。

なにしろ、起業後はなんでも自分でやらなければならないのですから、のんびりとしてる暇はありません。

未来志向の企業は、昔のように**「会社に服従する社員」ではなく、「会社に縛られない発想をしてくれる人材」を求めている**のかもしれません。

あっ、この話を読んで、面接でその気もないのに「起業するので3年で辞めます」なんて言わないでくださいね。そんなウソはすぐにバレますから。

33 思い出の『アタック25』

２０２１年6月24日の朝。クイズファンに激震が走りました。

「『パネルクイズ　アタック25』（朝日放送・テレビ朝日系）が今秋で放送終了決定！」というニュースが飛び込んできたのです。

テレビのクイズ番組の世界において、国宝級の存在であった番組の終了。かつて出場し、優勝。パリ旅行まで行かせていただいた身としては痛恨！

……と思ったら、１年も経たない２０２２年3月27日に、ジャパネットブロードキャスティングと朝日放送テレビがタッグを組み、BSJapanextで『パネルクイズアタック25Ｎｅｘｔ』として復活しました。よかった……。

私が「アタック25」に出演したのは、１９８３年のこと。

当時は、『アップダウンクイズ』（TBS系）、『クイズタイムショック』（テレビ朝日系）など視聴者参加型のクイズ番組が花盛りで、『アメリカ横断ウルトラクイズ』（日本テレビ系）の参加者数が、第7回にして1万人超えをしたのもこの年でした。

この頃は、どこのクイズ番組も、予選の参加者全員に番組のロゴが入ったバッグや腕時計などの「お土産」をくれるのが普通でした。私が予選を受けたときの「アタック25」の記念品はすごく丈夫な手提げ袋で、ずいぶん愛用させていただいたものです。のちに、クイズ番組の予選の記念品は、どこもボールペンになりましたから、やはりバブルだったのでしょう。

まだ電子メールなんてない時代です。予選を受けてからしばらくして、合格通知のハガキが届き、ある夜、スタッフから「○月×日に大阪のスタジオで収録に参加できますか？」という確認電話があって、収録日が決定しました。

当日は、大阪まで新幹線で向かい、タクシーでテレビ局へ。控え室での待ち時間はとても長かった記憶があります。

スタジオ入りすると、そこには、観客と児玉清《こだまきよし》さんが！　テレビの印象どおりの紳士で、スタッフと最後の打ち合わせをしておられました。

その後、カメリハ（本番と同じ条件で撮影をしながら行うカメラ・リハーサルの略称）として、数問の早押しクイズ。スタジオの観客たち（ほとんどは大阪のご婦人方）は、この様子を見て、出場者4人のうち、誰の後ろの応援席に座るかを決めていたようです。トップ賞を獲った解答者の応援席に座った観客には、当時の番組スポンサー、東リ（現東リ株式会社）からカーペットのお土産が出たのです。

問題と答えをすべて暗記していたという児玉さんの司会ぶりは、まさに名人芸でした。「大事な、大事な、アタックチャンス！」「なぜ、角を取らない！」「なにか、深いお考えがあってのことか……」などの名調子は、博多華丸さんのモノマネネタにもなりましたよね。

番組終了のニュースを受けて、ウン10年ぶりに、自分が出演したときのビデオを見直し、あまりに懐かしかったので、児玉さんの司会ぶりを偲び、そのときの模様を録画していたビデオから、ほぼそのまま再現します。

名司会ぶりを再現

番組のなかから、私がアタックチャンスと、その次の1問に正解した部分です。

「アタックチャンスからまた新しい局面が生まれます、果敢にアタックしてください。それでは、まいりましょう。アタックチャンス！」

『1874年の10月30日、カール・プッセの『山のあなた』など数々の……』

ボーン！（解答ボタンを押した音）

「青！（私の解答者席の色）」

「上田敏《びん》！」

「その通り！　数々の詩の名訳で知られる我が国の文学者が生まれています。誰でしょう？　上田敏！　白の方も押されたんですが、青のほうが早かった。青の方、何番？」

「25番」

「25番を埋める！　そして、アタックチャンスの狙い目は？」

「1番！」

「あー、そりゃそうですなぁ。どうでしょうか、この1番に青の方が入ってくると……。んー、パーフェクトはないようでございますが、ガガッというように青になってしまうわけですね。さあ、ここが空いたことによって、ほかの方にもチャンスが生まれるのか？　今のところは青が有利ですけれども、ひっくり返せるチャンスがあると思います。よろしいですか、アタックチャンス後の問題が大事です……。この問題です！」

『ジロウ、ハチヤ……』

ボーン！

「……柿」

「その通り！　早い！　うーん、グングンきます。グングンきます。さあ、青の方、何番？」

「1番！」

「1番に飛び込むー！　2、3、4、7！　うわわ、バラバラっと色が変わって、真ん中の8番だけがパーフェクトを阻止しておりますが、わたくしは問題のフォローができませんでした。ジロウ、ハチヤ、フユウといえば、どんな果物の名前（品

種）でしょうという問題でございました。もう、ジロウと出た瞬間に柿と……。えー、素晴らしい、果敢なアタックぶりでございました。よろしいですか、これで勝負は決まったようでございますが、1枚でも多くのパネルを皆さん取ってくださ い。まいりましょう、この問題です」

いかがでしょう。普通、クイズ番組では、解答のあとに正解音が鳴るのですが、「アタック25」では、それがなくて、児玉さんの「その通り！」とか「お見事！」などが正解音がわりだったことにお気づきになりましたか。

ちなみに、誤答のときのブー音を鳴らすのも児玉さんの役で、きわどい解答のときの正誤判定も、児玉さんの裁量に任されていたようです。

私の回の収録でも、「何県でしょう？」と問う問題に対して「筑波学園都市」と答えた方がいて、児玉さんは「**うん、いいでしょう。筑波研究学園都市ということで、筑波学園が出れば結構でございます**」と言って正解にしていました。

なんだか、人情というか、人柄までも感じさせてくれる司会ぶり。

とても楽しそうに司会をされていた姿が忘れられません。

34 「やるか？ やらないか？」迷ったときの解決法

「君に、新しいプロジェクトのリーダーになってもらいたいんだ」

「業績不振の○○支店に転勤して、営業チームを立て直してほしい」

「新人たちの教育係を引き受けてくれないか？」

突然、そんなことを上司に言われたとき。

「待ってました！」と思う人は別にして、「うわっ！ 自分にできるだろうか？」と尻込みする人の頭になかでは、「ウインウインウイン」と、「警戒音」が鳴っているはずです。

やるか？ やらないか？ で迷ったときは、この警戒音に注目してください。

実は、この警戒音には、大きく次の2種類があるのです。

警戒音1 ↓ やってみたいし興味はあるけれど、なんとなく、嫌な感じがする。

警戒音2 ↓ やるのは怖いけれど、なんとなくワクワクする。

相手からの言葉を聞いた瞬間、自分の頭のなかで鳴り響いた警戒音は、果たして、警戒音1なのか、2なのか？ それを見極めてください。

どちらかがわかったら、あとは簡単です。

警戒音1なら、やるのはやめておきましょう。あなたのこれまでの経験が、「この話に乗るな」って、知らせてくれているのです。

警戒音2なら、勇気を出してやってみましょう。あなたのなかの「チャレンジしたい」「現状を変えたい」という思いが、「ワクワク」となって警戒音に勝とうとしています。ここが、勇気の出しどころです。

どうして、こんなことが言えるかというと、この**「なんとなく」という感覚が、実は高い確率で「正解」だから**なのです。

よく、ヤマ勘とか、第六感なんていいますが、これは、「根拠のない予想」ではなく、**脳がこれまでの人生で培ってきた経験を踏まえて、瞬間的に正しいと思われる最良の答えを導き出してくれている**のです。

ですから、オイシイ話をもらったとき、「この話、儲かりそうだな」と考える反面、**「なんとなく怪しい」と感じたら、それが正解。**

自分には難しそうな仕事の依頼をもらったとき、「キツそうだな、難しそうだな」と考える反面、**「なんとなく、挑戦したいな」と感じたら、それが正解**というわけです。

就職1年目に、丸1か月の休みを取得

かつて、私は、学生時代からずっと憧れていたクイズ番組『アメリカ横断ウルトラクイズ』の後楽園（のちに東京ドーム）予選を、就職1年目の夏に突破しました。

ご存知ない方のために説明すると、同番組は、かつて日本テレビ系で年に1度放送されていたもので、**国内予選を突破した一般参加者をアメリカ大陸へ連れて行き、現地でクイズをやる**という大型スペシャル番組。

アメリカ大陸を移動しながらの撮影ですから、**参加者は、番組に出ている期間、会社や大学を休まなければなりません**。そしてそれは、**もし決勝まで勝ち抜くと、丸々1か月かかってしまう**という長丁場でした。

学生時代に突破できればよかったのに、よりによって私は、社会人として勤め始めて数か月というタイミングで、国内の第一予選を突破してしまったのです。

会社に1か月のお休みを申請して、成田空港での第二次予選に参加するべきか？　辞退するべきか？

そもそも、入社1年目の新卒社員が、いきなり会社を1か月もお休みするなんて、狂気の沙汰ではないのか？

正直、悩みました。

なにしろ、残酷なことに、第二次予選（通常は空港での1対1のジャンケン。私が参加した第10回のときは腕相撲でした）に負けて敗退すると、1か月のお休みを申請したにもかかわらず、次の日（つまり月曜日）から会社に出社できてしまうのです……。

そのときに、私は、この警戒音の理論にたどり着きました。

社会人1年生としては、常識的には、参加すべきではないとわかっています。でも、**「チャレンジしたい」という、ワクワクを抑えることができなかった。**

つまり、当時の私の頭のなかで、けたたましく鳴り響いていた警戒音は、「警戒音2」だったというわけです。

悩んだ末、私は、新卒社員に与えられていた有給休暇をすべて申請し、休日出勤の代休もつぎ込んで、会社に1か月のお休みを申請して番組に参加しました。

そして、会社の同じ係の人には、「途中で負けて帰国したら、翌日から出勤します」と言って有給休暇に突入。

結果は、決勝のニューヨークまで進んで、有給休暇と代休をすべて使い切り、欠勤3日のおまけつき！

しかし、いまだに、そのときの決断は間違っていなかったという確信があります。

あのとき、もし、「警戒音2」……つまり、「社会人として参加してはいけない」と思う反面、どうしても消えない「ワクワク感」を無視して、ウルトラクイズに参加していなかったら、どうなっていたか？

たぶん、今も後悔し続けていたでしょう。

そして、おそらく本を出すこともできなかったと思います。

なぜなら、私のデビュー本、『壁を越えられないときに教えてくれる一流の人のすごい考え方』はクイズ形式の本で、もし、私に「ウルトラクイズ準優勝者」という肩書がなければ、出版社の企画会議を通らなかったと思うからです。

1冊目の企画が通らなければ、今、本の執筆を生業にすることもなかったはず。

「警戒音2」……つまり、「やるのは怖いけれど、なんとなくワクワクする……だからやる！」を選んだことは、私の人生を変えてくれたというわけです。

尻込みしたときは、自分の頭のなかに響いている警戒音が、警戒音1なのか、警戒音2なのかを見極めてください。

そうすれば、**「あのときに、やっておけば……」と、一生後悔しなくて済みます。**

35 伝説のクイズ番組ウラ話①
罰ゲームの謎

私が、『アメリカ横断ウルトラクイズ』（以下、ウルトラクイズ）の旅から帰国して、番組が放送後、知人からいちばん多く受けた質問は次のようなものでした。

「敗者への罰ゲームって、本当にやっているんですか？」

ウルトラクイズでは、各チェックポイントにおける敗者が「罰ゲーム」を受けてから帰国するというのが「お約束」でした。

たとえば、グアム島へ向かう飛行機の機内で行われる筆記クイズの不合格者は、「飛行機のタラップを降りることが許されず、アメリカの地を踏むことなく帰国する」のが罰ゲーム。

今でもバラエティー番組でオマージュとして使われることも多い、グアム島での**「泥んこクイズ」では、〇×クイズに間違えたら泥まみれになる**のが罰ゲームです。

この罰ゲーム。視聴者からの人気が高く、言わば、「ウルトラクイズの人気コーナー」。事実、私の知人にも、「ウルトラクイズは泥んこクイズがいちばんの楽しみ」と言っている人がたくさんいました。

それだけに、「砂漠を1人っきりで歩いて帰る」などの罰ゲームが**「本当に行われているか?」「本当はどの程度まで行われているか?」**というのは、ウルトラクイズのファンなら誰もが思う疑問だったのだと思います。

「罰ゲームって、本当にやっていたの?」という質問を受けると、私はいつもこう回答していました。

「視聴者がテレビで見て感じるよりも、実際の罰ゲームは、はるかにたいへんです」

たとえば、敗者が体力を使うような罰ゲームの場合。

テレビでの罰ゲームのオンエア時間は、せいぜい10分程度。しかし、**スタッフが撮りたい映像は、体力を使い果たして疲れ切った敗者の顔**です。

つまり、**敗者がヘトヘトの汗だくになるまで罰ゲームが2時間でも3時間でも続く**。これが、「実際の罰ゲームは、はるかにたいへん」という言葉の真意です。

では、視聴者にとって、最大の謎だった、「砂漠を歩いて1人で帰る」というパターンの罰ゲームの場合、実際はどうだったのか？

さすがに、視聴者も、本当に1人で歩いて帰してはいないことはわかります。オンエアでも、ちゃんと、**「第〇チェックポイント　失格者〇〇（失格者名）帰国？」**って、最後に「？」がついたテロップを出していました。

では、その手の罰ゲームは、キツくなかったのかというと、そんなことはありません。

体験者に聞くと、これが相当、たいへんだったそうです。

まず、敗者は、砂漠のはるかかなた、自分の姿が米粒のように小さくなるまで1人で砂漠を歩かされます。スタッフとしては、そういう絵が撮りたいのですから当然です。

私もウルトラクイズに参加したときに体験しましたが、**砂漠の砂の上を、旅行用トランクを引きずって歩くのって、むちゃくちゃにキツイ。**キャスターはほとんど役に立たず、挑戦者用のバスから解答席へ移動するだけで、すぐに腕がパンパンになりました。

ですから、砂漠を延々と歩かされるのは、それだけで、かなりキツイ罰ゲームなのです。

それだけではありません。ある敗者は、「砂漠から1人で帰る」という罰ゲームの撮影のオーケーが出たあと、車に拾われて空港まで送迎してもらったそうですが、**小さな車で、車内は蒸し風呂のように暑くて振動も半端なく、それが何時間も続いた**とか。

「**帰りの車のほうがよっぽど罰ゲームだった**」とのことで、これなどは、罰ゲームがもう1つあるようなものですね。

罰ゲームは、敗者にとっての晴れ舞台

ちなみにこの罰ゲーム。**厳しい反面、敗者にとって、とてもオイシイ時間でした。**

ウルトラクイズの精神の1つに「**敗者が主役**」という言葉があるように、実は出場者にとって、この罰ゲームは、言わば「晴れ舞台」。

なにしろ、**ゴールデンタイムに流れる視聴率20%超えの人気番組のなかで、約10分間にわたって画面を独占する「主役」になれる**のです。

こんな機会は、一生のうちに、そうあるものではないでしょう。

もちろん、子牛を相手に闘牛をしたり、スタントマンの真似事をしたりなど、キツイ罰ゲームもありますが、**すべての罰ゲームは事前にスタッフがやってみて安全性は確認済み。**

敗者にとっては、考え方を変えれば「**二度とできない、とんでもない体験」ができる、最高の思い出の場でもあった**のです。

ちなみに、決勝で負けた私への罰ゲームは何だったのか？

それは**「放置プレイ」**！

決勝で勝負がついたあと、チャンピオンは司会者からインタビューされたり、シャンパンをかけられたりしますが、その間、準優勝者はほったらかし。最後まで、いっさい無視されるのがパターンでした。

あとから知ったのは、それが準優勝者への「お約束」の罰ゲームなのだそうです。

今となっては伝説のクイズ番組となった『アメリカ横断ウルトラクイズ』。罰ゲームは、そのウルトラクイズの華《はな》でした。

なかには、**それとは知らずにゲテモノ料理を食べさせられたり、事件に巻き込まれるドッキリがあったり**と、たぶん、今のテレビでは倫理上、オンエアが難しそうな罰ゲームもありました。

しかし、それも含めて**「テレビに勢いがあった、よき時代」**の思い出として、懐かしいと思ってしまうのです。

36 伝説のクイズ番組ウラ話②
本番前は目隠し？

ウルトラクイズの旅のあいだ、移動は、基本的に飛行機とバスでした。なにしろ広大なアメリカ大陸。ごく一部の近い都市を除いて、都市と都市の間の移動は飛行機。ホテルから収録現場への移動はバス。というのがパターン。

この移動用のバスは、挑戦者用とスタッフ用で、大型バスが2台。スタッフと挑戦者のバスを分けるのは、**スタッフと挑戦者が仲良くなってしまうと、それが画面を通して視聴者に伝わってしまうので、それを避けるため**なのだとか。

そして、もう1つ。大型バスの理由は、撮影のための機材が大量だからです。なにしろ、聞くところによると、**テレビカメラや解答席など、本番に使う機材は**

全部で約4トン！　挑戦者の人数が少なくなっても、バスの床下部分の荷台でその機材を運ばなければならないため、どうしても大型バスが2台必要なのです。

ちなみに、**運ぶ機材はほとんどがジュラルミンケース。バスからの積み出しのときに一度だけ持たせてもらったことがありますが、ものすごい重さ**でした。

クイズの収録がある日。バスでクイズ会場の近くに着いた挑戦者たちは、クイズの収録場所から少し離れたところで待機します。

この時間がとにかく長かった。

収録場所でスタッフたちが入念な用意とリハーサルが行う間、**挑戦者は、何もない場所で約2〜3時間は待たされるのはざらだった**のです。

負ければ即、帰国というプレッシャーのなか、いつまで待っても本番が始まらず、**この待ち時間に精神的にまいってしまう挑戦者もいたと聞きます**（ちなみに私は緊張から、冗談を言いまくっていました）。

待機場所でずっと待っていると、やがて、スタッフが呼びにきてくれます。

そこからクイズの収録場所までは歩いて移動。**その移動の際、挑戦者は全員、目**

隠しをさせられました。

目隠しをした挑戦者は、スタッフに手を引かれて収録場所に向かいます。解答席に座るときも、手を引いてくれているスタッフから「ここがイスです。気をつけて」なんて言われて座ります。

解答席に座ったあとも、本番が始まるまでは目隠しのまま。

やっと、「目隠しを外してください」と声がかかって外してみると、間髪を入れずに本番がスタートするのです。

なぜ、わざわざ目隠しをしたのか？

それは、そのチェックポイントでどんなクイズが行われるか、本番開始まで、挑戦者たちにわからないようにするためです。

たとえば、もし目隠しをしないでクイズの収録場所に行ったとき、解答席に早押し機が乗っていたら、「これから早押しクイズなんだな」とわかってしまいます。

解答席に早押し機がなくて、スケッチブックとペンが置かれていたら、「書き取りクイズなんだな」ってわかってしまいますよね。

各チェックポイントのルールは、本番がスタートして、司会の福留功男《ふくとめのりお》さんがルール説明をしたときに、はじめて明かされる。

スタッフは、そのルールを聞いて、「えーっ！」なんて一喜一憂する挑戦者たちの表情を撮りたいのです。

私はスタッフから直接、**「ウルトラクイズはクイズ番組ではなく、人間ドキュメンタリーだと思って作っている」**と聞いたことがあります。

事前にクイズのルールを教えず、挑戦者たちの「素の表情」をカメラに収める。

そんな、細かなこだわりにも、ウルトラクイズがたくさんの人たちを夢中にさせた魅力の一端があったのではないかと思います。

37 伝説のクイズ番組ウラ話③ 挑戦者に台本はあったのか？

ウルトラクイズの本番では、スタートがかかると、基本的にカメラが止まることはありませんでした。

クイズがすべて終わって敗者が決まり、その敗者に司会の福留さんがインタビューを終えるまで、ずっと複数のカメラマンによる撮影が続くのです。

出演者は素人ばかり。スタジオではなく、ほとんどが屋外で、しかも初めての場所での撮影。解答席に座って行われるクイズだけでなく、挑戦者が動き回るルールも数知れず。

それでも、ぶっつけ本番ノーカット撮影のワンショットワンショットが、ものの見事に「絵」になっていたのは、ひとえにスゴ腕のカメラマンをそろえていたからです。

これはスタッフに伺った話ですが、ウルトラクイズの旅に同行しているカメラマンたちは、全員がプロ中のプロ。ものすごい高給取りのフリーカメラマンたちなのだとか。

そう思って、ウルトラクイズの映像を見直すと、たしかに**挑戦者たちの変わりゆく表情を逃さず、決定的瞬間を余すところなくとらえている**のがよくわかります。ウルトラクイズの一発本番収録は、こうした超一流のプロカメラマンに支えられていたのですね。

さて。ではなぜ、本番中に1度もカメラを止めないのか？

最大の理由は、カメラを止めてしまうことで、挑戦者たちの緊張感が途切れてしまうのを避けるためです。

そのことについて、あるカメラマンがこんなことをおっしゃっていました。

「クイズに負けた瞬間の敗者の悔しげな表情。その次にくる『終わったんだ』とい

うすがすがしい顔。そういう感情の流れをすべて映像に収めるのが、ウルトラクイズのカメラマン仕事のひとつ」

さらにあるスタッフの言葉です。

「クイズで敗退が決まったあと、福留さんは敗者の気持ちが落ちつくまで声をかけないようにしている。なぜかというと、人間ドキュメンタリーの最高の場面だから」

福留さんは何度も**「ウルトラクイズは敗者が主役」**とおっしゃっていましたが、その言葉はダテではなかったのですね。

ウルトラクイズの旅から帰ったあと、罰ゲームに関する質問の次に多かった質問が、次のようなものです。

「ウルトラクイズって、台本はあったの?」

結論から言えば、**挑戦者側には、台本はいっさいありませんでした。**

もちろん司会の福留さんは、チェックポイントごとに、オープニングトークなどの台本をご自身で書いていて、チャレンジャー1人ひとりへの質問なども考えておられました。

しかし、福留さんからの質問に対する回答は、すべて挑戦者のアドリブに任されていたのです。

もちろん、敗者が決まったあとの、**福留さんと敗者とのやりとりもすべて、その場の「素」の会話**。

数々の名インタビューは、その瞬間が生み出した産物です。

ついでに言えば、放送最終週の最後に、優勝者と私がスタジオでインタビュー受けたときも、**楽屋のデスクの上にあった台本の「受け答え」の部分には何も書かれていませんでした**。

スタッフからは、**「本番で高島さん（スタジオ収録の司会者だった高島忠夫《たかしまただお》さん）から質問されたら、思ったことを言ってもらっていいですから」**とか言われたのを覚えています。

挑戦者の「涙の理由」

台本のない、「素」を映すドキュメンタリーという点に関して、もうひとつ裏話。

ウルトラクイズでは、時おりクイズの勝者が、敗者が決まったときに、「○○さんと別れるのがツラい」と涙を流す場面があります。

実はあの涙には、こんな理由がありました。

クイズの収録が終わったあと、敗者と勝者は、いっさい会話することなく、お別れをしなくてはならなかったのです。

前述のように、クイズが終わると、1度もカメラを止めることなく、敗者はそのまま福留さんのインタビューを受けます。

その間に、勝ち抜いた挑戦者たちはそれを黙って見守ります。

そして、収録後は、勝者はそのまま移動用のバスへと戻り、敗者はそのまま罰ゲームへと突入する……。

つまり、**敗者と勝者は、会話が許されない。**

せいぜい、バスへと向かいながら、大声で、**「日本で会おうーーっ！」**なんて叫ぶくらいしかできません。

ついさっきまで仲間として一緒に旅をしていたのに、バスに戻ると、もうそこには、敗者となった仲間の姿がないという寂しさ……。

それを知っているから、涙が出る。

そしてそれは、**「一緒に旅をする仲間」が、そのまま「クイズでニューヨーク行きを争うライバル」**でもあるという、ウルトラクイズの醍醐味の1つでもあったのです。

38 伝説のクイズ番組ウラ話④ ニューヨークのホテルで事件！

もともとクイズ王にあこがれてクイズを始めた私にとって、**「ウルトラクイズでニューヨークに行く」ということは、いっとき、オーバーに言えば「人生最大の夢」くらいに大きなものでした。**

当時は本当にそれくらいに大きな夢であり、あこがれだったのです。

ですから、第10回のウルトラクイズで、**「ここで勝てばニューヨーク」**という、最後のチェックポイント、ナイアガラでの「通過クイズ」（3点とると、通過用のクイズに挑戦できて、そこでの早押しクイズに正解すると突破）に勝ち、ニューヨーク行きを決めたときは、天にも昇るような気持ちでした。

クイズを終えると、私はすぐに挑戦者用のバスに戻りました。まだ準決勝の興奮が冷めない私を乗せたバスはそのまま空港に向かい、感傷に浸る間もなく、小1時間のフライトで、夕方にはニューヨーク入りしたのを覚えています。

空港からは、いつものようにバスでホテルまで移動。

ホテルは、安全面を配慮した高級ホテルです。

まさか、ここで事件が起こるとは思ってもみませんでした。

一流ホテルのロビーでまさかの展開に

私を乗せたバスとスタッフ用のバスは、ホテルの入口に横づけし、例によって大量の機材（ジュラルミンケース）をバスの荷台からホテルのロビーへと運び込みました。

たくさんの機材の周りに大勢のスタッフたちがいて、旅の世話役である旅行会社の方が、フロントで宿泊手続きをしていました。

私はといえば、挑戦者が自分1人になってしまったこともあり、ロビーのソファに腰かけて、「ついにニューヨークにきたんだ～」なんて感慨に浸っていたと思います。

いつものウルトラクイズなら、決勝に勝ち残ったもう1人の挑戦者がいたのでしょうが、私が参加した第10回のみ、途中で挑戦者を2組に分けて、最後に南米ルートのチャンピオンと北米のルートチャンピオンがニューヨーク決戦をするというルールだったため、ひとりぼっちだったのです。

事件が起こったのは、そのときのことでした。

1人のカメラマンがこう言い出したのです。

「俺のカメラ知らない？」

カメラと言っても、もちろん普通のカメラではありません。テレビ撮影用の肩にかつぐタイプの代物。

大人でも「よっこらしょっと」と持ち上げるような大きなものです。それが、**ほ**

んの少し目を離したスキに、どこかへ消えてしまったと……。

場所は一流ホテルのロビーです。

そして、周りはスタッフだらけ。

そんな状況なのに、バカでかいカメラが忽然と消え失せてしまったのです。

しかも、ナイアガラでの本番を終えて、その足でニューヨーク入りしたばかりというタイミング。

もしや、本番を撮影したビデオテープが入ったままなのでは！

真っ青になりながら、周りのスタッフに聞いてまわるカメラマン。

聞かれたスタッフも「**ウソでしょ⁉**」「**ビデオは？**」と焦った声を出します。

結局、誰もカメラのゆくえを知らず、これはどうやら本当に盗まれたということになりました。

それまではチェックインの手続きをしていた旅行会社の方も、急きょ、警察への連絡などに追われることに。

幸い、本番を収録したビデオはすでに抜き取っていて無事でした。

危なかった……。

これがもし、ビデオごと盗まれていたら、第10回の北米ルートの準決勝を収めたビデオはハドソン川のもくずとなり、その編集内容は大幅に変わっていたかもしれません。

高校生のときから、ず～っと、あこがれ続けてきたニューヨーク。

その初日に起こったこの事件は、**「生き馬の目を抜く（油断がならない）大都市、ニューヨーク」として、私にとっては鮮烈な印象となりました。**

蛇足ですが、旅行会社の方は盗難事件の処理に追われて、当然、私の夕食のお世話どころではなくなりました。

「部屋で待っててね。処理が終わったら街に食べに行こう」

と言われてずっと待っていたものの、結局、夜中の12時近くになってから、「ごめんごめん」と部屋にやってきた旅行会社の方と、ルームサービスで済ませることになったのでした。

39 伝説のクイズ番組ウラ話⑤ 決勝前夜にホテルの部屋で……

私が参加させていただいたウルトラクイズは、偶然にも第10回の記念大会でした。

そのため、大幅に予算がアップし、それまで企画アイデアとして挙がっていたものの、予算面からボツになっていた、**「旅の途中で挑戦者を北米ルートと南米ルートに分けて、最後に北米チャンピオンと南米チャンピオンがニューヨークで決勝を戦う」という企画が唯一、実現した大会だった**のです。

そのため、北米ルートだった私は、準決勝を勝ち抜いたあと、たった1人でニューヨーク入りしたというのは、1つ前の項でお話ししました。

南米ルートのほうが、日程を要したため、私はニューヨーク入りした翌日、丸1日フリー。憧れの地だったニューヨークをひとり歩きし、堪能することができたのですから、あとから思えば本当にラッキーだったと思います。

さて、**「明日はいよいよ南米ルートからのチャンピオンとの決勝戦」**（相手が誰なのかは、もちろんまったく知らされていませんでした）という晩のこと。

スタッフが私にこう言ったのです。

「あとで、部屋に福留さんが行くから……」

なっ、なっ、なっ、なに～っ！

前述のように、番組として「人間ドキュメンタリー」を目指すウルトラクイズは、挑戦者とスタッフのなれ合い感が画面に出てしまうことを避けるため、お互いの距離を置くことを徹底していました。

それは、司会者である福留さんもしかりで、ほぼ1か月にわたる旅の間、福留さんと一緒に食事をしたのは、本土に進むメンバーが決まったタイミングなど数えるほど。

あとから思えばたぶん、その食事会も、福留さんがその後、司会を進めるうえで、挑戦者たちの個性を把握するという狙いがあってのことだったのだと思います。

もちろん、荒野をバスで移動中に、道路沿いにポツンと1軒だけあるファーストフード店で、挑戦者とスタッフ全員が食事をすることなどはありました。でも、そういうときも、挑戦者と福留さんを含むスタッフたちの席は、わざと挑戦者たちの席から離れるようにしていたのです。

そ、それなのに……。

なんと、ホテルの私の部屋に福留さんが1人でやってくると……。

「何？　何？　もしかして、明日の決勝の相手をナイショで教えてくれるのでは？」……とは思いませんでしたが、まあ、ドキドキしながら、部屋で待っていました。

放送を見て、やっとわかった訪問の狙い

やがて、私の部屋にやってきた福留さん。

はじめは、アイスブレイク的な雑談でしたが、そのうち、話がクイズに関することに及んで、**「クイズを始めたのはいつか？」**「**はじめてウルトラクイズの放送を見たのはいつか？**」「**いかにしてウルトラクイズに惚れ込んだか？**」、そして、「**クイズ……というか勝負事に関するモットー**」など、結構、深い話をしたと思います。

私は聞かれるままに答えていて、あっという間に時間がすぎました。

正直、緊張のあまり10分くらいだったのか、1時間くらいしゃべっていたのかも覚えていません。

やがて、ひと通り話を終えると、福留さんは「**邪魔したな。それじゃ、明日は最高の決勝戦を期待してるから**」とかなんとか言って部屋を出て行ったのでした。

「んっ？　これって何だったの？　激励にきてくれたの？」

怒濤《どとう》のような時間がすぎて、そんなことを思った私なのでした。

この訪問の謎が解けたのは、帰国後、番組の最終週の収録で日本テレビのスタジオに行ったときのことでした。

スタジオの観覧席には、一般客とともに、ウルトラクイズの参加者がたくさん呼ばれていました。ただ、私は、番組の最後に、準優勝者として収録に出演する予定だったので、控え室で第4週の映像を見ていたのです。

やがて番組は、ウルトラクイズでおなじみの、決勝を戦う2人がそれぞれヘリコプターに乗って、ニューヨークの摩天楼の上を飛ぶ場面にまで進みました。

あの日、ニューヨークのホテルで、どうして福留さんが私の部屋にきて会話をしたのかの謎が解けたのはこのときです。

ヘリコプターに乗っている私を紹介するときの福留さんのナレーションが、あの日、ホテルで会話した内容から作られていたのです!

なるほど。そういうことでしたか。

なんのことはない、福留さんが、**決勝戦前のヘリコプターシーンのナレーションの台本を書くためのインタビュー**だったのですね。

今なら、容易に察しがつくのでしょうが、我ながら当時はまだ、右も左もわからないヒヨッコだったのだなと思います。

ああっ、それにしても、そうと知っていれば、もっとカッコイイことを言ったのに……。

「勝負はなんでも勝たなくてはダメ。人に好かれる人物は絶対に勝てない」なんて、クイズでギラギラしていた頃の「若気の至り」の言葉をそのまま放送されてしまって、顔から火が出る思いだったのでした。

40 「心訓七則」から、「自分にとって大切なこと」を知る方法

明治時代の大ベストセラー『学問のすゝめ』の著者であり、慶応義塾大学の創始者。そして、1万円札の「顔」の1人、福沢諭吉。

その福沢諭吉が残したという、人が生きていくうえでの7つの教訓、「**福沢心訓**《ふくざわしんくん》**七則**《ななそく》」というものがあります。

ただ、実はこれ、実際には福沢諭吉自身の作成ではなく、誰かが昭和30年代に、福沢諭吉が残した言葉などから創作したものだというのが定説。

にもかかわらず、現在まで残っているのは、言っていることがとても教訓深いからなのでしょう。

そこで、この「福沢心訓七則」を利用して、「自分にとって大切なこと」を知る方法についてお話しします。

では、さっそく「福沢心訓七則」を見てみましょう。
中身はこんな内容です。

「福沢心訓七則」
世の中で一番楽しく立派な事は　一生涯を貫く仕事を持つという事です
世の中で一番みじめな事は　人間として教養のない事です
世の中で一番さびしい事は　する仕事のない事です
世の中で一番みにくい事は　他人の生活をうらやむ事です
世の中で一番尊い事は　人の為に奉仕して決して恩にきせない事です
世の中で一番美しい事は　すべてのものに愛情を持つ事です
世の中で一番悲しい事は　うそをつく事です

いかがですか？
まあ、たしかに立派なことを言っているとは思います。

でも、少し「現代に合わない」というか、説教臭さを感じてしまいませんか。

「一生涯を貫く仕事を持つ」って、「同じ仕事をずっと続けていれば立派なの？」とか。

「教養なんてなくても、しっかりと生きていれば、別にみじめではないのでは？」とか。

時代が変わってしまった現代においては、ツッコミを入れようと思えば入れられる内容だと思うのですが、いかがでしょう？

そこで……というわけではありませんが、イチャモンをつけるのではなく、「自分なら、いったいどんな「心訓七則」がしっくりくるかを考えてみました。

自分用の「心訓七則」が、教えてくれること

私が考える、自分なりの「心訓七則」は以下です。

世の中で一番楽しく立派な事は　自分の得意分野で、人の役に立つ事です
世の中で一番みじめな事は　誰からも相手にされない事です
世の中で一番さびしい事は　笑い合える相手がいない事です
世の中で一番みにくい事は　他人の成功に嫉妬する事です
世の中で一番尊い事は　争わずに協力し合う事です
世の中で一番美しい事は　自分らしく、凛《りん》として生きる事です
世の中で一番悲しい事は　自分にウソをついて生きる事です

こうやって作ってみると、我ながら「自分らしく生きること」や「人とのつながり」を重視していることが丸わかりです。
もし私が、「仕事」や「出世」を重視するタイプなら、まったく違った7つになったことと思います。

さて。ここからが言いたかったことです。
あなたもぜひ、自分なりの「心訓七則」を作ってみてほしいのです。

やり方は簡単です。以下の（　）内に、自分なりの答えを入れるだけ。

世の中で一番楽しく立派な事は（　　　）事です
世の中で一番みじめな事は（　　　）事です
世の中で一番さびしい事は（　　　）事です
世の中で一番みにくい事は（　　　）事です
世の中で一番尊い事は（　　　）事です
世の中で一番美しい事は（　　　）事です
世の中で一番悲しい事は（　　　）事です

ぜひ、やっつけではなく、どれも真剣に考えてみてください。
そして、（　）内に入れる事柄は、なるべく1つに絞ってみてください。

いかがですか？　完成しましたでしょうか？

できあがったら、7つをじっくりと眺めてみてください。

これが、あなたにとって、「**自分が生きていくうえで、本当に大切にしていること**」です。

いわば、**自分専用の「人生の指針」が明らかになります。**

これ、もしかすると、しばらく間をおいてやってみると、別の言葉が入るかもしれません。

それはそれで、そのときの自分の気持ちが反映されて、今の自分が大切にしたいと思っていることがわかります。

何かに悩み、「自分がどうしたらよいのか?」「自分はどうしたいのか?」が見えなくなってしまったとき。

そんなときは、**自分で作った「心訓七則」を基準にすれば、自分がいちばん大切にしていることを再認識できて、どうすればよいかの指針が見えてくる**はずです。

おわりに　自分を耕す時間

最後まで読んでいただき、ありがとうございました！
最後に、もう少しだけおつき合いください。

「晴耕雨読《せいこううどく》」という四文字熟語があります。
晴れた日には田畑を耕し、雨の日には読書をする。
世間のわずらわしさから離れて、心静かに暮らす。
そんな理想的な生き方を言った言葉です。

雨の日の読書。
これ、言ってみれば「自分を耕す時間」です。

普段、仕事に追われている毎日。
そんななかで、お気に入りのカフェでコーヒーを楽しむ時間。
ゆったりとした気分。
そんなときは、
読書で、自分を耕してください。
勉強しようなんて、堅苦しく考えることはありません。
読書でリラックスするだけだっていい。
そんな時間が、明日につながります。

西沢泰生

【主な参考文献】

『欽ちゃんの、ボクはボケない大学生』萩本欽一著　文藝春秋／『秋本治の仕事術』秋本治著　集英社／『志村流』志村けん著　三笠書房／『コロナショック&Xデーを生き抜くお金の守り方』藤巻健史著　PHP研究所／『文章の鬼100則』川上徹也著　明日香出版社／『たけし、さんま、所の「すごい」仕事現場』吉川圭三著　小学館新書／『社長はメンタルが9割』押野満里子著　かんき出版／『プロ野球奇人変人列伝』野村克也著　詩想社新書／『夢と現実に橋をかける人柄ビジネス』叶理恵著　BABジャパン／『バナナの魅力を100文字で伝えてください』柿内尚文著　かんき出版／『世界の「頭のいい人」がやっていることを1冊にまとめてみた』中野信子著　アスコム／『一冊でわかる！松下幸之助』PHP総合研究所編著／『松下幸之助　その凄い！　経営　完全版』中島孝志著　ゴマブックス／『おぼえていても、いなくても』蛭子能収著　毎日新聞出版／『明日をちょっぴりがんばれる48の物語』西沢泰生著　青春出版社

イラスト——小野塚綾子

著者紹介
西沢泰生（にしざわ　やすお）
子どもの頃からの読書好き。「アタック25」「クイズタイムショック」などのクイズ番組に出演し優勝。「第10回アメリカ横断ウルトラクイズ」ではニューヨークまで進み準優勝を果たす。就職後は、約20年間、社内報の編集を担当。その間、社長秘書も兼任。現在は執筆業に専念。
主な著書に、『壁を越えられないときに教えてくれる一流の人のすごい考え方』（アスコム）、『夜、眠る前に読むと心が「ほっ」とする50の物語』『伝説のクイズ王も驚いた予想を超えてくる雑学の本』（以上、三笠書房）、『朝礼・スピーチ・雑談 そのまま使える話のネタ100』（かんき出版）、『名言サプリ』（祥伝社）、『大切なことに気づき、心ふるえる33の物語と90の名言』『コーヒーと楽しむ 心が「ホッと」温まる50の物語』『コーヒーと楽しむ 心がほんのり明るくなる50の物語』（以上、ＰＨＰ研究所）他。

メールの宛先（＝執筆依頼先）yasuonnishi@yahoo.co.jp

本書は、ＷＥＢサイト「フムフムニュース」で掲載された記事を再編集し、１冊にまとめたものです。

PHP文庫　コーヒーと楽しむ 心がスッキリする40の物語

2022年8月15日　第1版第1刷
2023年11月15日　第1版第2刷

著　者　西沢泰生
発行者　永田貴之
発行所　株式会社PHP研究所
東京本部　〒135-8137　江東区豊洲5-6-52
ビジネス・教養出版部　☎03-3520-9617(編集)
普及部　☎03-3520-9630(販売)
京都本部　〒601-8411　京都市南区西九条北ノ内町11
PHP INTERFACE　https://www.php.co.jp/
組　版　株式会社PHPエディターズ・グループ
印刷所　株式会社光邦
製本所　東京美術紙工協業組合

ISBN978-4-569-90249-4

PHP文庫

トップアスリートたちが教えてくれた胸が熱くなる33の物語と90の名言

西沢泰生 著

高橋尚子、イチロー、カール・ルイスなど、古今東西の有名トップアスリートたちの胸が熱くなる物語と知られざる名言を紹介する一冊!

PHP文庫

コーヒーと楽しむ 心が「ホッと」温まる50の物語

西沢泰生 著

コーヒーが冷めないうちに読み切ることができるショートストーリー。ベストセラー作家が贈る、疲れた心に効く、真実の物語50を収録。

PHP文庫

コーヒーと楽しむ　心がほんのり明るくなる50の物語

西沢泰生　著

心が疲れた時、落ち込んだ時、読むだけで心の疲れや不安が消えて前向きになるショートストーリー50話を収録。人気シリーズ第2弾！